DER NEUE KINDER KOSMOS

Tiere der Urzeit

Bärbel Oftring · Marianne Golte-Bechtle

Tiere der Urzeit

Kosmos

Für meine Kinder Paul und Hannah

Liebe Kinder,

vor über 100 Millionen Jahren, als es noch keine Menschen auf der Erde gab, lebten furchterregende Tyrannosaurier und gepanzerte Triceratopse.

Doch nicht nur gigantische Dinosaurier bewohnten in den letzten 500 Millionen Jahren unsere Erde. Im Meer schwammen Panzerfische und Ammoniten, riesige Urlurche besiedelten das Land und stattliche Flugsaurier flogen durch die Lüfte. Tiere, die heute nicht mehr leben und die wir nur anhand ihrer Knochenreste kennen. Tiere, deren Aussehen uns völlig fremd und ungewöhnlich erscheint.

Ich möchte euch zu einer Reise in die Vergangenheit unserer Erde einladen. Wir tauchen in das Urmeer, als die Erde noch wüst und leer war, ohne Tiere, Wiesen und Bäume. Damals spielte sich das ganze Leben im Wasser ab. Wir spazieren durch einen wundervollen Wald mit riesigen Libellen, mitten in der Karbonzeit vor über 300 Millionen Jahren. Wir erleben mit, wie der Urvogel Archaeopteryx das Fliegen lernt, und sind dabei, wenn im Schatten der Dinosaurier die ersten kleinen Säugetiere nachts auf die Jagd gehen. Wir begegnen dem Riesenfaultier Megatherium, das viel größer als ein Elefant war, sowie dem Brontotherium, dem „Donnerpferd der Indianer", mit seinem merkwürdig geformten Schädel. Wir spüren die Säbelzahnkatze Smilodon mit den furchtbar langen Eckzähnen auf und suchen mit dem gewaltigen Mammut Schutz vor der Kälte der Eiszeit.

Alle diese Tiere sind bereits ausgestorben. Aber wenn ihr wollt, erwecken wir sie noch einmal zum Leben. Blättert einfach die Seite um und unsere Reise kann beginnen. Auf der Zeitleiste könnt ihr immer sehen, wann wir auf dieser Reise anhalten und die Tiere, die damals lebten, besuchen.

Bärbel Oftring

Inhalt

Die Reise beginnt   6
Das Leben im Urmeer   8
Vom Wasser auf das Land   10
Im Sumpfwald der Karbonzeit   12
Die Herrschaft der Dinosaurier   14
Der Apatosaurus   16
Fischsaurier im Jurameer   18
Saurier der Lüfte   20
Der Tyrannosaurus rex   22
Wie die Vögel fliegen lernten   24
Der Archaeopteryx   26
Im Schatten der Dinosaurier   28
Wanderer über die Kontinente   30
Mit Huf und Rüssel   32
Das Megatherium   34
Im Urwald   36
Das Brontotherium   38
Vom kleinen Laub- zum großen Grasesser   40
Der Urwal   42
Von kleinen und großen Rüsseln   44
Das Wollhaarmammut   46
Tiere der Eiszeit   48
Der Höhlenbär   50
Tiere der Warmzeit   52
Der Smilodon   54
Das Glyptodon   56
Wie Fossilien entstehen   58
Kleines Lexikon   60
Register   62

Register
Ab der Seite 62 gibt es eine Liste von wichtigen Namen und Begriffen, die in diesem Buch vorkommen. Sie sind nach dem Alphabet geordnet, damit du ganz schnell und gezielt die Buchseite finden kannst, wo mehr darüber steht.

Kleines Lexikon
Auf den Seiten 60 und 61 gibt es ein kleines Lexikon, das Wörter erklärt, die in diesem Buch vorkommen und die du vielleicht noch nicht kennst.

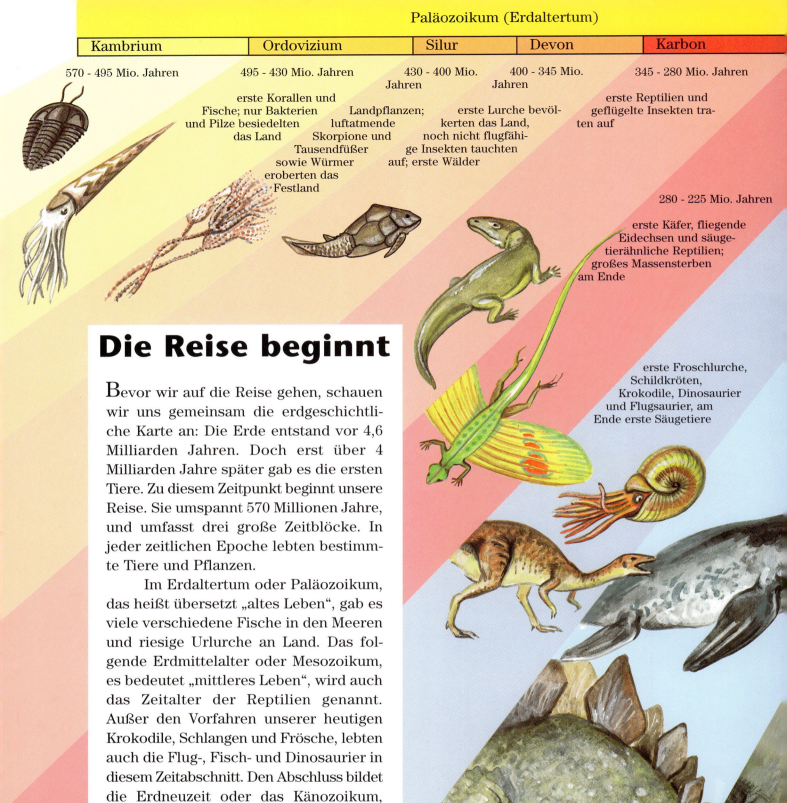

Paläozoikum (Erdaltertum)

Kambrium	Ordovizium	Silur	Devon	Karbon
570 - 495 Mio. Jahren	495 - 430 Mio. Jahren	430 - 400 Mio. Jahren	400 - 345 Mio. Jahren	345 - 280 Mio. Jahren

erste Korallen und Fische; nur Bakterien und Pilze besiedelten das Land

Landpflanzen; luftatmende Skorpione und Tausendfüßer sowie Würmer eroberten das Festland

erste Lurche bevölkerten das Land, noch nicht flugfähige Insekten tauchten auf; erste Wälder

erste Reptilien und geflügelte Insekten traten auf

280 - 225 Mio. Jahren

erste Käfer, fliegende Eidechsen und säugetierähnliche Reptilien; großes Massensterben am Ende

erste Froschlurche, Schildkröten, Krokodile, Dinosaurier und Flugsaurier, am Ende erste Säugetiere

Die Reise beginnt

Bevor wir auf die Reise gehen, schauen wir uns gemeinsam die erdgeschichtliche Karte an: Die Erde entstand vor 4,6 Milliarden Jahren. Doch erst über 4 Milliarden Jahre später gab es die ersten Tiere. Zu diesem Zeitpunkt beginnt unsere Reise. Sie umspannt 570 Millionen Jahre, und umfasst drei große Zeitblöcke. In jeder zeitlichen Epoche lebten bestimmte Tiere und Pflanzen.

Im Erdaltertum oder Paläozoikum, das heißt übersetzt „altes Leben", gab es viele verschiedene Fische in den Meeren und riesige Urlurche an Land. Das folgende Erdmittelalter oder Mesozoikum, es bedeutet „mittleres Leben", wird auch das Zeitalter der Reptilien genannt. Außer den Vorfahren unserer heutigen Krokodile, Schlangen und Frösche, lebten auch die Flug-, Fisch- und Dinosaurier in diesem Zeitabschnitt. Den Abschluss bildet die Erdneuzeit oder das Känozoikum, das heißt „junges Leben", das bis in die Gegenwart reicht. Es ist das Zeitalter der Säugetiere.

Wie ihr in der Zeichnung seht, wird jedes dieser drei Zeitalter nochmals in einzelne Abschnitte unterteilt, und zwar nach dem Auftreten oder Aussterben bestimmter Tierarten.

| Kambrium | Ordovizium | Silur | Devon | Karbon |

Das Leben im Urmeer

Vor 400 Millionen Jahren war das Land noch öd und kahl. Nur entlang der Küste wuchsen die ersten Landpflanzen. Damals spielte sich das Leben vor allem im Meer ab. Dort lebten so gefährliche Wirbeltiere wie der Dinichthys ①, der Schreckensfisch. Er war ein furchtbarer Räuber im Meer. Bis zu acht Meter lang konnte er werden. Sein Vorderkörper war in einen festen Knochenpanzer eingehüllt. In seinem

| Perm | Trias | Jura | Kreide | Tertiär |

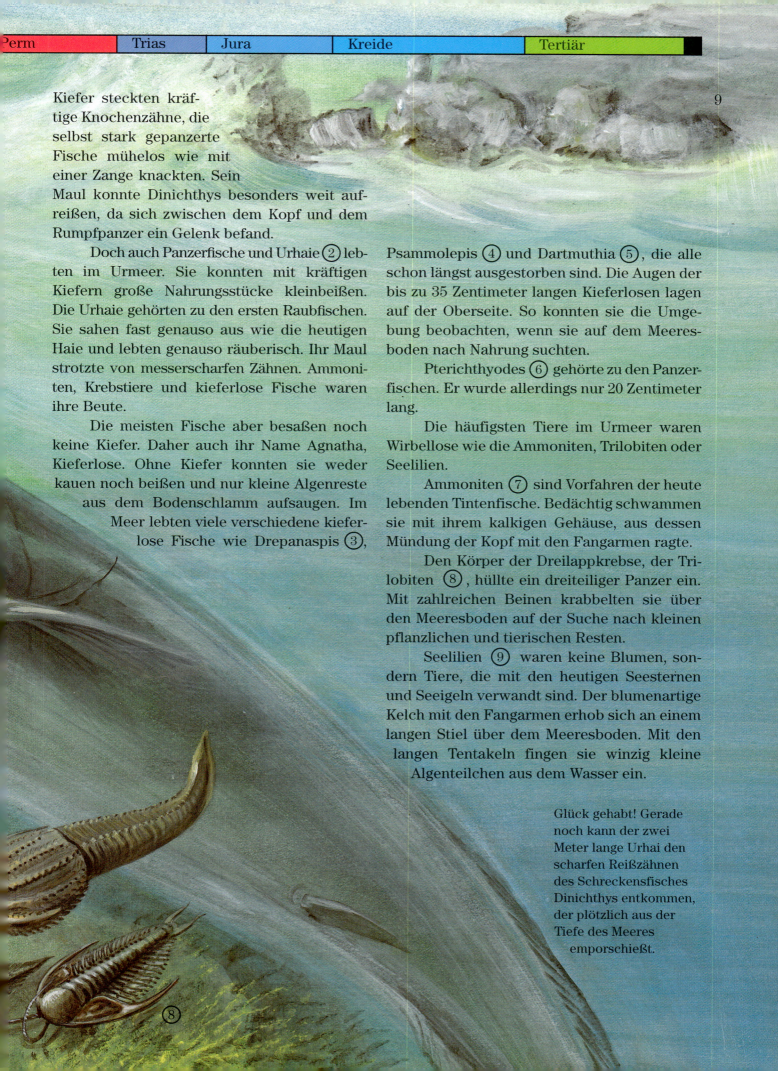

Kiefer steckten kräftige Knochenzähne, die selbst stark gepanzerte Fische mühelos wie mit einer Zange knackten. Sein Maul konnte Dinichthys besonders weit aufreißen, da sich zwischen dem Kopf und dem Rumpfpanzer ein Gelenk befand.

Doch auch Panzerfische und Urhaie ② lebten im Urmeer. Sie konnten mit kräftigen Kiefern große Nahrungsstücke kleinbeißen. Die Urhaie gehörten zu den ersten Raubfischen. Sie sahen fast genauso aus wie die heutigen Haie und lebten genauso räuberisch. Ihr Maul strotzte von messerscharfen Zähnen. Ammoniten, Krebstiere und kieferlose Fische waren ihre Beute.

Die meisten Fische aber besaßen noch keine Kiefer. Daher auch ihr Name Agnatha, Kieferlose. Ohne Kiefer konnten sie weder kauen noch beißen und nur kleine Algenreste aus dem Bodenschlamm aufsaugen. Im Meer lebten viele verschiedene kieferlose Fische wie Drepanaspis ③, Psammolepis ④ und Dartmuthia ⑤, die alle schon längst ausgestorben sind. Die Augen der bis zu 35 Zentimeter langen Kieferlosen lagen auf der Oberseite. So konnten sie die Umgebung beobachten, wenn sie auf dem Meeresboden nach Nahrung suchten.

Pterichthyodes ⑥ gehörte zu den Panzerfischen. Er wurde allerdings nur 20 Zentimeter lang.

Die häufigsten Tiere im Urmeer waren Wirbellose wie die Ammoniten, Trilobiten oder Seelilien.

Ammoniten ⑦ sind Vorfahren der heute lebenden Tintenfische. Bedächtig schwammen sie mit ihrem kalkigen Gehäuse, aus dessen Mündung der Kopf mit den Fangarmen ragte.

Den Körper der Dreilappkrebse, der Trilobiten ⑧, hüllte ein dreiteiliger Panzer ein. Mit zahlreichen Beinen krabbelten sie über den Meeresboden auf der Suche nach kleinen pflanzlichen und tierischen Resten.

Seelilien ⑨ waren keine Blumen, sondern Tiere, die mit den heutigen Seesternen und Seeigeln verwandt sind. Der blumenartige Kelch mit den Fangarmen erhob sich an einem langen Stiel über dem Meeresboden. Mit den langen Tentakeln fingen sie winzig kleine Algenteilchen aus dem Wasser ein.

Glück gehabt! Gerade noch kann der zwei Meter lange Urhai den scharfen Reißzähnen des Schreckensfisches Dinichthys entkommen, der plötzlich aus der Tiefe des Meeres emporschießt.

| Kambrium | Ordovizium | Silur | **Devon** | Karbon |

Vom Wasser auf das Land

Wir befinden uns mitten in der Devonzeit vor etwa 370 Millionen Jahren. Spärlich wachsen merkwürdig anmutende Schachtelhalme und andere Pflanzen, die nur wenig Schatten werfen. Das Klima ist recht trocken und heiß. Vor kurzem aber fiel sintflutartiger Regen und die Tümpel, Seen und Flüsse sind voller Wasser.

Kein Tier ist zu sehen. Doch halt! Da bewegt sich etwas! Ein Wesen von etwa einem Meter Länge schiebt sich aus einem kleinen See. Langsam und schwerfällig setzt es einen Fuß weitausholend vor den anderen. Die lange Schwanzflosse mit den Knochenschuppen zieht es schwer am Boden hinter sich her. Das Tier ist der Fischschädellurch Ichthyostega, das erste Wirbeltier, das ein Landleben dem Leben im Wasser vorzog.

Die Frage, warum Ichthyostega das Wasser verließ, hat noch keiner beantwortet. Vermutlich konnte sie durch die Flucht an Land schrecklichen Raubfischen im Wasser entkommen und während der Trockenzeiten neue Gewässer aufsuchen. Ganz bestimmt aber war die Fähigkeit, sich an Land zu bewegen, von großem Vorteil, denn in der nachfolgenden Karbonzeit breiteten sich Amphibien wie Ichthyostega, rasch und in großer Artenvielfalt aus.

Ichthyostega musste dennoch wie alle Amphibien in Wassernähe leben, denn das Wasser war sowohl Nahrungsquelle als auch Legeplatz. Während sie an Land nur ungelenk tappte, bewegte sie sich im Wasser schnell und geschickt.

Ichthyostega sah ganz anders aus als die heute lebenden ausgewachsenen Amphibien wie Molche, Frösche und Kröten. Sie ähnelte eher einer Kaulquappe. Die gemeinsamen Vorfahren sind Fische aus der Gruppe der Quastenflosser, die lange Zeit als ausgestorben galten. Doch dann erkannten Wissenschaftler, daß die bei Afrika lebende Latimeria ebenfalls ein Quastenflosser ist. Auch sie ist noch vollständig auf das Leben im Wasser angewiesen.

Mühsam und mit vollem Bauch schiebt sich der Fischschädellurch Ichthyostega aus dem seichten Wasser ans Ufer zu seinem Artgenossen. Mit großem Erfolg hat er Fische gejagt. Nun ist es Zeit, sich auszuruhen.

Auch die Schlammspringer können sich wie Ichthyostega außerhalb des Wassers aufhalten. Bei Ebbe hüpfen sie auf dem schlammigen Boden tropischer Küstenwälder herum.

| Kambrium | Ordovizium | Silur | Devon | **Karbon** |

Im Sumpfwald der Karbonzeit

Kein Vogel pfeift sein Lied, keine Fledermaus jagt nach Beute und nicht einmal ein Flugsaurier segelt durch die Lüfte. Du hörst das Schwirren der Libellenflügel und das Knacken des Unterholzes, wenn der riesige Lurch Eryops sich seinen Weg durch den Wald bahnt. Wir befinden uns in einem wundervollen Sumpfwald während der Karbonzeit. Das war vor über 300 Millionen Jahren. Es herrscht feuchtwarmes, tropisches Klima. Oft liegen Nebelschwaden über den Sümpfen und Senken, durch die sich langsam das Sonnenlicht kämpft.

Gewaltige Schuppenbäume von ungewöhnlicher Form wachsen in diesem Wald. Sie erreichen mit einer Höhe von bis zu 30 Meter etwa die Größe zehnstöckiger Hochhäuser. Dazwischen wachsen 15 Meter hohe Schachtelhalme, Bärlappgewächse und große Farne. Weil die karbonischen Bäume aber nur wenig Blätter tragen, ist es im Wald lange nicht so düster wie in manchen heutigen Wäldern.

Eryops, ein zwei Meter langer Lurch, sonnt sich im verschleierten Licht einzelner Sonnenstrahlen. Eryops sieht aus wie eine riesige Kaulquappe, kurz bevor sie ein Frosch wird. Wie die heutigen Frösche, Molche und Kröten legt er seine Eier im Süßwasser ab.

Der Lurch hat nun die zehn Zentimeter große Schabe entdeckt, die direkt vor seinem Maul sitzt. Sie interessiert ihn mehr als der riesige Tausendfüßer Arthropleura. Dieser ist ein wahrer Gigant - rund zwei Meter wird er lang und 25 Zentimeter breit. Er ernährt sich von abgestorbenem Holz und Moder.

Den Luftraum beherrschen Ur-Insekten, die den heutigen Libellen ähnlich sehen. Eines der größten Insekten aller Zeiten ist Meganeura: Ihre Flügelspannweite entspricht etwa der

| Perm | Trias | Jura | Kreide | Tertiär |

Armlänge eines Erwachsenen. Meganeura lebt im Sumpfwald zusammen mit zahlreichen anderen Insekten. Die kleineren dienen ihr als Beute. Mit ihren großen Facettenaugen verfolgt sie ihre Opfer und schnappt sich die Beute dann aus dem Flug.

Immer wieder kommen im Karbonwald starke Stürme auf, die Tausende von Bäumen fällen. Obwohl die Karbonwaldbäume so groß sind und ihre Stämme einen Durchmesser von ein bis zwei Meter haben, ist ihr Inneres weich. Ein starker Sturm kann sogar die dicksten Baumstämme abknicken. So häufen sich am Boden des Karbonwaldes die Pflanzenreste von abgestorbenen Zweigen und Baumstämmen an. Sie werden nach und nach von Schlamm zugedeckt und dadurch von der Luft abgeschlossen. Was ganz unten liegt wird durch das Gewicht von oben immer stärker zusammengepresst. So entstehen über Jahrmillionen große Steinkohlelager. Steinkohle ist ein wichtiger Energierohstoff für die Menschen. Der wesentliche Bestandteil von Steinkohle heißt Kohlenstoff oder Carboneum. Deswegen heißt das Zeitalter, in dem die Steinkohle entstand, auch Karbon.

Nur einzelne Lichtstrahlen erreichen durch die Nebelschwaden den Waldboden. Der riesige Lurch Eryops hat seinen Sumpf verlassen und genießt die Wärme auf einem vermodernden Baumstamm. Ein Tausendfüßer und eine Schabe haben sich schon zum Essen eingefunden, während die ungeheuer große Meganeura über dem Sumpf ihre Runde dreht.

| Kambrium | Ordovizium | Silur | Devon | Karbon |

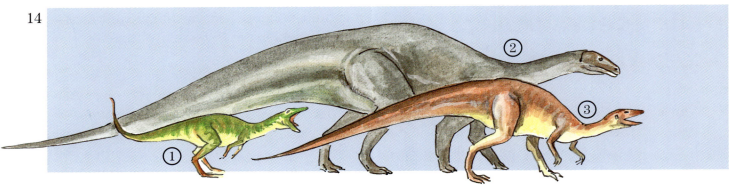

Dinosaurier der Trias:
1 Staurikosaurus
2 Plateosaurus
3 Coelophysis

Dinosaurier des Jura:
1 Stegosaurus
2 Apatosaurus
3 Allosaurus
4 Brachiosaurus

Dinosaurier
der Kreidezeit:
1 Triceratops 4 Iguanodon
2 Deinonychus 5 Ankylosaurus
3 Parasaurolophus 6 Tyrannosaurus

Die Herrschaft der Dinosaurier

Ganze 150 Millionen Jahre lang waren die „Schreckensechsen" die uneingeschränkten Herrscher der Erde. Mit ihrer trockenen, schuppigen Haut konnten sie sich über die ganze unbevölkerte Erde ausbreiten und mussten nicht mehr in der Nähe vom Wasser bleiben wie die Lurche.

Im warmen Klima der Trias vor etwa 220 Millionen Jahren traten die ersten Dinosaurier auf. Der ungefähr zwei Meter lange, fleischessende Staurikosaurus gilt als einer der ersten bekannten Dinosaurier. In großen Herden zog der sieben Meter lange Plateosaurus durch das wüstenähnliche Land. Meist lief er auf allen Vieren. Um an seine Lieblingsnahrung, die Palmfarnblätter, zu gelangen, richtete er sich allerdings auf. Der bis zu drei Meter lange Coelophysis war dagegen ein gefährlicher Jäger. In schnellem Tempo verfolgte er auf zwei Beinen seine Beute.

Im Jura vor über 150 Millionen Jahren erlebten die Dinosaurier weltweit ihre Blütezeit. Gewaltige Pflanzenesser wie Apatosaurus und der 23 Meter lange Brachiosaurus weideten die üppige Vegetation ab. Diese friedlichen Giganten wurden von gefährlichen Fleischessern wie dem Allosaurus gejagt. Der Allosaurus gilt als der fürchterlichste Räuber des Juras. Und das, obwohl er mit nur fünf Metern Höhe selbst neben seinen Opfern winzig wirkt. Der gepanzerte Stegosaurus lebte in Nordamerika. Auf seinem Rücken trug der sechs Meter lange Pflanzenesser bis zu 60 Zentimeter große Knochenplatten wie einen Dornenkamm.

50 Millionen Jahre später, in der Kreidezeit, besiedelten immer gigantischere Dinosaurier die Erde. Iguanodons streiften in kleinen Trupps durch die tropische Landschaft und ernährten sich vor allem von Farnen und Schachtelhalmen an den Flussufern. Die beiden bis zu zehn Meter langen Pflanzenesser Triceratops und Ankylosaurus wurden von zahlreichen Jägern wie dem Tyrannosaurus und dem Deinonychus verfolgt. Deinonychus, die „schreckliche Kralle", mit nur drei bis vier Meter Länge und etwa 70 Kilogramm war dabei besonders flink und wendig. Parasaurolophus, ein Entenschnabel-Dinosaurier, war ein ganz anderer Typ. Mit seinem bizarren Kopfschmuck konnte der in Herden herumziehende Vegetarier vermutlich trompetenartige Töne erzeugen.

| Kambrium | Ordovizium | Silur | Devon | Karbon |

Es ist auffallend still. Kein Laut ist zu hören. Vom Ufer des nahegelegenen Flusses segeln zwei Flugsaurier über die sumpfige Ebene zum Wald. Doch plötzlich - dumpfes Grollen ertönt aus der Ferne. Der Erdboden fängt heftig an zu dröhnen, er erzittert wie bei einem gewaltigen Erdbeben. Das Donnern kommt näher, bis es die ganze Luft erfüllt. Da tauchen die ersten Tiere auf, riesige Kolosse mit langen Hälsen. Gleich darauf erscheint die ganze Herde. Das sumpfige Wasser spritzt unter den tonnenschweren Schritten der Donnerechsen. Der ohrenbetäubende Lärm wird zu dumpfem Dröhnen, die Giganten verschwinden jenseits des Flusses und das Land versinkt wieder in die mittägliche Stille.

| Trias | **Jura** | Kreide | Tertiär |

Im weichen Schlamm haben riesige Echsen ihre Spuren hinterlassen. Vielleicht stammen die kleinen Spuren von einem verfolgenden Allosaurus.

Stell dir vor,

diese Kolosse brauchten täglich etwa 500 kg Pflanzenfutter. Es ist fast unvorstellbar, wie sie diese Menge in 24 Stunden abweiden konnten. Ein Elefant frisst in 19 Stunden täglich 150 kg Pflanzenfutter!

Die Donnerechse gehört zu den größten Tieren, die jemals auf dem Land gelebt haben. Bei einer Länge von bis zu 21 Meter wog sie etwa 30 Tonnen. So viel wiegen fünf ausgewachsene Afrikanische Elefantenbullen. Stämmige Säulenbeine trugen diese enorme Masse. Ihre Hinterbeine erreichten einen Durchmesser von mehr als einem halben Meter.

Mit ihren 13 Meter langen Hals erreichte sie die Baumwipfel mit frischen Blättern und leckeren Koniferenzapfen. Kauen konnte Apatosaurus aber nicht. Die abgerupften Pflanzen wanderten unzerkaut in den Magen. Deshalb verschluckte das Tier Kieselsteine, mit deren Hilfe die Pflanzenkost zerrieben wurde.

Mit dem langen kräftigen Schwanz verteidigte Apatosaurus sich gegen seinen größten Feind, den fünf Meter hohen fleischessenden Allosaurus.

Der Apatosaurus

Name:	„Täuschende Echse", wurde auch Brontosaurus („Donnerechse") genannt
Zeit:	Jura
Größe:	über 20 m lang, 4,5 m Schulterhöhe
Gewicht:	rund 30 Tonnen
Nahrung:	Blätter, Zweige, Früchte, Koniferenzapfen
Lebensraum:	Nordamerika
Besondere Merkmale:	lebte in Familiengruppen wie die Elefanten

| Kambrium | Ordovizium | Silur | Devon | Karbon |

Fischsaurier im Jurameer

Schwimmende Reptilien besiedeln das Jurameer vor 180 Millionen Jahren. Die Fischsaurier bewohnen eigentlich den offenen Ozean. Nur zur Geburt der Jungen suchen sie geschützte Meeresgegenden auf. Die Paddelechsen dagegen können das Wasser verlassen und wie See-Elefanten an Land robben. Dort legen sie ihre Eier im weichen Sand ab.

Obwohl die Ichthyosaurier, so werden die Fischsaurier von den Fachleuten genannt, Reptilien waren, legten sie keine Eier. Sie brachten wie die Säugetiere lebende Junge zur Welt.

Die verschiedensten Fischsaurierarten bewohnten im ganzen Erdmittelalter, also während der unglaublich langen Zeit von 160 Millionen Jahren, die Meere. Die kleinsten Fischsaurier waren nur einen Meter lang, während die größten eine Länge von zwanzig Meter erreichten.

Der Körper der Fischsaurier ähnelt dem der heutigen Delfine. Wie diese waren die Fischsaurier schnelle, wendige Schwimmer und bevorzugten den offenen Ozean. Angetrieben von kräftigen Schwanzschlägen jagten sie kleine Fische und Tintenfische. Nur zum Atmen mussten sie immer wieder auftauchen.

Dagegen mussten die recht plump gebauten Plesiosaurier oder Paddelechsen zur Eiablage an Land robben wie die heute lebenden

Vor wenigen Tagen erst ist der kleine Fischsaurier geboren worden. Er bleibt ganz nah bei seiner Mutter, die ihn vor Raubfischen verteidigt. Wie jedes Jahr haben die Fischsaurier eine geschützte Meeresbucht aufgesucht, um ihre Jungen zu gebären. Auch eine Gruppe der drei Meter langen Paddelechsen hat sich eingefunden. Die Weibchen robben schwerfällig an Land, um im weichen Sand ihre Eier abzulegen.

| Perm | Trias | **Jura** | **Kreide** | Tertiär |

Meeresschildkröten. Auch die Paddelechsen waren gefürchtete Räuber von Fischen und Tintenfischen. Einige unter ihnen erreichten zwölf Meter und mehr an Körperlänge. Wie die Fischsaurier starben sie am Ende des Erdmittelalters vor 65 Millionen Jahren aus.

19

Die Fischsaurier ähnelten in ihrem Körperbau den Delfinen. Allerdings waren die Ichthyosaurier Reptilien, während unsere Delfine Säugetiere sind.

| Kambrium | Ordovizium | Silur | Devon | Karbon |

Der Kurzschwanz-Flugsaurier Pterodactylus heißt auch „Flugfinger", da sein verlängerter vierter Finger die Flughaut spannte. Er war ein gefürchteter Fischjäger.

Gefährlich sah er aus, der Dimorphodon! Über eineinhalb Meter war die Spannweite seiner Flügel. Seinen scharfen, spitzen Zähnen konnte kein Fisch entschlüpfen.

Sehr weit vom Festland entfernt jagte Pteranodon mit acht Meter Flügelspannweite nach Fischen. In einem Kehlsack, wie ihn auch die Pelikane haben, brachte er dann die Beute zu seinen Jungen. Der lange Kamm an seinem Schädel diente vermutlich als Steuerruder beim Fliegen.

Der fischjagende Quetzalcoatlus gilt mit zwölf Metern als das größte fliegende Tier aller Zeiten.

Mit 1,2 Meter Flügelspannweite war der kurzschwänzige Pterodaustro recht klein.

Saurier der Lüfte

Die Flugsaurier waren im ganzen Erdmittelalter die alleinigen Herrscher der Lüfte. Mit ihren hohlen Knochen waren sie richtige Leichtgewichte. So errechneten die Forscher für einen Flugsaurier mit ca. 90 cm Spannweite ein Gewicht unter 500 Gramm. Eine gleich große Silbermöwe wiegt dagegen gut das Doppelte.

Die langschwänzigen Rhamphorhynchus-Arten sind die älteste Flugsauriergruppe. Sie lebten bereits in der Triaszeit vor etwa 210 Millionen Jahren.

Von diesen Langschwanz-Flugsauriern stammen die kurzschwänzigen Flugsaurier wie der Pteranodon ab. Kurzschwanz-Flugsaurier lebten bis ans Ende der Kreidezeit. Durch ihren kurzen Schwanz waren sie sicher die gewandteren Flieger. Einige dieser fliegenden Saurier waren nur spatzengroß, andere wie der Quetzalcoatlus erreichten die Größe kleiner Sportflugzeuge.

Zwischen dem verlängerten vierten Finger der Hand und den Körperseiten war eine Flughaut gespannt, die ihnen ein ähnliches Flugvermögen wie den heute lebenden Fledermäusen verlieh. Zum Ausruhen haben sich die Flugsaurier vielleicht nach Fledermausart kopfüber an Ästen oder Felsen festgekrallt. Mit den drei kleinen Fingern konnten sie geschickt greifen. Sie benutzten sie auch, wenn sie auf dem ebenen Boden auf allen Vieren liefen.

| Perm | Trias | Jura | Kreide | Tertiär |

Unter den Flugsauriern gab es nicht nur Fischjäger. Einige Arten haben sich von Insekten und Würmern, andere von Früchten und Samen ernährt. Manche wie der Pterodaustro benutzten ihre Zähne wie ein Sieb, mit dem sie wie die Flamingos Plankton und andere winzig kleine Lebewesen aus dem Wasser filtern konnten.

Am Ende der Kreidezeit starben die Flugsaurier aus. Damals vermehrten sich die Vögel so stark, dass sie die Flugsaurier verdrängten. Der entscheidende Vorteil der Vögel war die Entwicklung des Federkleides. Federn wachsen nach und der Verlust einiger Federn macht nicht flugunfähig. Dagegen wirkte sich ein Riss in der Flughaut verheerend für das Tier aus. Es konnte nicht mehr jagen und musste verhungern.

Ruhig liegt die blaue Bucht da. Kein Wind regt sich. Der langschwänzige Flugsaurier Rhamphorhynchus, auch „Schnabelschnauze" genannt, fliegt auf Fischfang über das Meer, denn er muss hungrige Jungtiere versorgen. Auffällig ist der lange Schwanz mit einem rautenförmigen Segel am Ende. Er dient zum Manövrieren beim Fliegen und beim Landeanflug auf Äste und Felsen.

| Kambrium | Ordovizium | Silur | Devon | Karbon |

| Perm | Trias | Jura | **Kreide** | Tertiär |

Der faszinierendste unter allen Sauriern war der Tyrannosaurus rex. Über ihn weiß man nur sehr wenig. Er lebte vor etwa 70 Millionen Jahren auf dem nordamerikanischen Kontinent.

Gemächlich lief der vermutlich größte Fleischesser aller Zeiten auf seinen kräftigen Hinterbeinen. Sein Gewicht von etwa sechs Tonnen verhinderte ein größeres Tempo. Daher lauerte er seinen Opfern in einem Hinterhalt auf, jagte zudem meist die langsameren Pflanzenesser und ernährte sich auch von Aas.

Trotz seines großen Schädels von etwa 1,3 Meter Länge besaß der Tyrannosaurus nur wenig Gehirnmasse. Der meiste Platz im Schädel wurde für die kräftige Kaumuskulatur gebraucht. Äußerst scharfe, dolchartig gebogene Zähne, gewaltige Kiefer und scharfe Krallen an den Pfoten machten ihn zu einem sehr gefährlichen Beutejäger.

Dieser Zahn von Tyrannosaurus rex misst 15 Zentimeter. Seine Kanten sind scharf und fein gesägt wie bei einem Fleischmesser. Zeitlebens wuchsen diese Dolche nach und abgenutzte Zähne wurden ständig durch neue ersetzt.

Furchteinflößend steht er da, der König der Tyrannenechsen! Im weit geöffneten Maul blitzen superscharfe Zähne. Gierig reißt der Tyrannosaurus rex Fleisch aus seiner Beute, dem Horndinosaurier Triceratops. Aus dem Hinterhalt hatte er den jungen Pflanzenesser überrascht. Seine scharfen Zähne packten zu und mit einem kräftigen Biss war der Triceratops überwältigt. Selbst sein knöcherner Nackenschild konnte ihn nicht vor dem Angriff des Tyrannosaurus schützen.

Stell dir vor,

in Südamerika fand man die Skelettreste einer fleischessenden Echse, die noch viel größer und massiger war als der T. rex. Die Wissenschaftler tauften sie Giganotosaurus. Dieser Saurier war mindestens 13 Meter lang.

Geradezu kümmerlich sahen die beiden Vorderärmchen aus. Jeder Arm hatte nur zwei kleine Finger und reichte nicht einmal bis zum riesigen Maul. Zum Beutefangen waren sie viel zu kurz. Wozu er sie benutzte kann man nur vermuten. Vielleicht stützte T. rex sich mit ihnen ab, wenn er vom Boden aufstand. Oder er hielt den Partner bei der Paarung fest.

Wie die pflanzenessenden Dinosaurier lebten auch die vielen unterschiedlichen Fleischesser überall auf der Welt. Auf nahezu allen Erdteilen gab es ausgedehnte Flachwassergebiete, deren Ufer dicht bewachsen waren. Dort fanden sich zahlreiche Pflanzenesser in großen Herden ein und der Tisch war für die Raubdinosaurier reich gedeckt. So lebte etwa in Asien der rund zehn Meter große Tarbosaurus, eine etwas kleinere Ausgabe von T. rex.

Der Tyrannosaurus rex

Name: „König der Tyrannenechsen"
Zeit: Kreide, vor 70 Millionen Jahren
Größe: rund 12 Meter lang, 5,5 Meter hoch
Gewicht: bis zu 6 Tonnen
Nahrung: Fleisch
Lebensraum: Nordamerika
Besondere Merkmale: ein furchterregendes Gebiss, das zeitlebens nachwuchs

| Kambrium | Ordovizium | Silur | Devon | Karbon |

Proavis, der „Vorvogel". Er kann kein Saurier mehr gewesen sein, aber auch noch kein Vogel. Richtige Flügel wird er noch nicht gehabt haben, aber wohl schon Federn, die ihm einen kurzen Gleitflug oder einen verlängerten Sprung ermöglichten. Irgendwann wird ein Forscher sein Skelett finden. Dann ist ein großes Geheimnis unserer Erdgeschichte gelöst.

Wie die Vögel fliegen lernten

Vor 250 Millionen Jahren, am Ende des Erdaltertums, gab es bereits Tiere, die flogen. Doch es waren keine Vögel. Es waren eidechsenähnliche Reptilien, die mit Hilfe von Hautlappen durch die Luft segelten.

Der erste Vogel, der Urvogel, ist der Archaeopteryx. Obwohl er das Skelett eines kleinen schnelllaufenden Dinosauriers hatte, hatte er bereits richtige Flügel und Federn. Es muss ein oder mehrere Tiere gegeben haben, deren Flugapparat einen Übergang zwischen dem der Reptilien und dem des Archaeopteryx zeigen würde. Die Wissenschaftler haben dieses Tier noch nicht gefunden, aber sie haben ihm schon einmal einen Namen gegeben:

Von kleinen fleischessenden Dinosauriern (oben) stammen die Vögel ab. Die Wissenschaftler haben sich ein Modell ausgedacht, wie der Vorfahre des Archaeopteryx' aussehen könnte: der Vorvogel Proavis!

| Perm | Trias | Jura | Kreide | Tertiär |

In der Kreidezeit, als der Urvogel Archaeopteryx schon längst ausgestorben war und es die heute lebenden modernen Vögel noch nicht gab, bewohnten die Zahnvögel die Erde. Diese Zahnvögel ähnelten weitgehend den heutigen Vögeln. Sie hatten aber noch kleine Zähne im Kiefer.

Unter ihnen gab es ausdauernde, gewandte Flieger, wie den nur 20 cm großen „Fischvogel" Ichthyornis victor. Ein anderer Zahnvogel war der über ein Meter große Hesperornis regalis, der „Vogel des Westens".

Wie die heutigen Möwen verbrachte der taubengroße Ichthyornis in der Kreide wohl viel Zeit über dem offenen Meer auf der Suche nach Fischen.

Auch die Pinguine können nicht fliegen. An Land wirken die sympathischen Frackträger unbeholfen und tolpatschig. Aber im Wasser verwandeln sie sich zu Meisterschwimmern.

Der große Zahnvogel Hesperornis aus der Kreidezeit nistete in der Nähe des Wassers. An Land bewegte sich der flügellose Tauchvogel recht unbeholfen. Im Wasser aber tauchte er geschickt nach Fischen und Tintenfischen.

| Kambrium | Ordovizium | Silur | Devon | Karbon |

Nach einer anstrengenden Insektenjagd ruht sich der Urvogel Archaeopteryx auf einem Ast aus. Er hat seine bekrallten Flügel leicht ausgestellt, seinen langen Schwanz lässt er herabhängen. Die Insekten, die direkt vor seiner Nase umherfliegen, interessieren ihn nicht.

| Perm | Trias | **Jura** | Kreide | Tertiär |

Der Urvogel Archaeopteryx gilt als der erste Vogel, da er ein Federkleid trug, wie es nur die Vögel besitzen. Aber er hatte auch noch mehrere Reptilienmerkmale, wie die Krallen an den ersten drei Fingern, die Zähne in seinen Kiefern und den langen Echsenschwanz.

Lange Zeit dachten die Forscher, Archaeopteryx konnte gar nicht richtig fliegen, sondern segelte im Gleitflug von Baum zu Baum. Denn dem Urvogel fehlte ein verknöcherter Kiel am Brustskelett, den alle Vögel besitzen und an dem die starken Flugmuskeln ansetzen.

Neuerdings gehen die Wissenschaftler aber davon aus, dass der Urvogel ein recht guter Flieger war. Denn sie entdeckten, dass an einem anderen Skelettteil wichtige Muskeln saßen, die einen Flug ermöglichten. Mit Hilfe dieser Muskeln konnte Archaeopteryx ziemlich kräftig mit den Flügeln schlagen. Er war alles andere als ein Luftakrobat. Aber er flog geschickt und wendig und konnte im Flatterflug wahrscheinlich sogar langsam fliegende Insekten fangen. Vielleicht lief Archaeopteryx aber auch auf seinen zwei Beinen wie seine Sauriervorfahren und legte nur kurze Strecken im Flug zurück.

Archaeopteryx lebte wohl vorwiegend in den Bäumen und ernährte sich von Insekten, Würmern und Früchten. Wo der Urvogel nistete, ist noch unklar. Wahrscheinlich besiedelte er das Hinterland und verirrte sich höchstens zufällig an die Küste des Jurameeres. Dort fielen einzelne Urvögel Unwettern zum Opfer und blieben uns als Fossil erhalten. Bisher wurden nur in Meeresablagerungen Skelette gefunden.

An diesem Archaeopteryx-Fossil könnt ihr die Merkmale des Urvogels am besten erkennen: Sein Federkleid, sein langer Schwanz, seine drei Finger mit Krallen an den Flügeln und seine Kiefer mit den Zähnen haben sich in dem Sandstein abgedruckt

Stell dir vor,

obwohl der Archaeopteryx in der Jurazeit so häufig war wie heute die Tauben, wurden bisher erst sieben Skelette in den Sandsteinablagerungen des Jurameeres gefunden. Deshalb ist solch ein Fossilfund sehr viel Geld wert und wird wie ein Schatz gehütet.

Der Archaeopteryx

Name:	„alte Feder", da zuerst nur eine Feder von ihm gefunden wurde
Zeit:	Jura, vor etwa 150 Millionen Jahren
Größe:	wie eine Taube
Gewicht:	maximal 400 Gramm
Nahrung:	vermutlich Insekten, Würmer und Früchte
Lebensraum:	Süddeutschland
Besondere Merkmale:	der allererste bekannte Vogel, von dem bisher nur sieben Skelette gefunden wurden

Dies sind Jungvögel des südamerikanischen Hoatzins. Sie besitzen wie Archaeopteryx noch Krallen an den Flügeln, die sie zum Klettern benutzen. Das gibt ihnen ein urtümliches Aussehen.

| Kambrium | Ordovizium | Silur | Devon | Karbon |

Im Schatten der Dinosaurier

Die Sonne ist schon lange untergegangen und der Mond wirft sein milchig weißes Licht auf das Land. Ein großer Plateosaurus legt sich zum Schlafen hin. Es wird ruhig in der Savanne. Da schlüpft ein kleines spitzmausähnliches Tier aus seinem Versteck. Es schnuppert in die kühle Nachtluft, prüft die Umgebung und geht auf Futtersuche. Megazostrodon, so heißt das kleine Säugetier, entdeckt eine Eidechse, die verletzt am Boden liegt. Ein anderer Megazostrodon nähert sich bereits der Beute. Beide packen zu und versuchen ein Stück Fleisch zu ergattern.
Doch sie sind nicht die einzigen, die wach sind. Auch die nur 12 cm große Haramiya sucht nachts nach essbaren Früchten, Samen und Pflanzen.

Megazostrodon und Haramiya - habt ihr schon einmal von Tieren mit so fremdartigen Namen gehört? Sie gehören zu den ältesten uns bekannten Säugetieren und lebten vor rund 200 Millionen Jahren im Erdmittelalter, dem Mesozoikum. Darum heißen sie auch mesozoische Säugetiere.

Über diese Säugetiere weiß man so gut wie gar nichts, da von ihnen fast nur Zähne und Kieferreste gefunden wurden. Nur soviel ist klar: Alle mesozoischen Säugetiere waren sehr klein, höchstens katzengroß, und alle verschliefen den Tag. Nur so überlebten sie neben den übermächtigen tagaktiven Dinosauriern. An das kühle Nachtleben waren sie hervorragend angepasst: Die Tiere hatten ein dichtes Haarkleid. Mit großen Augen, einem hervorragenden Geruchssinn und einem ausgezeichne-

| Perm | Trias | Jura | Kreide | Tertiär |

ten Gehör orientierten sie sich leicht im Dunkeln. Das weiß man, da die wenigen Schädel, die man fand, genauestens untersucht wurden.

Auch Zalambdalestes gehörte zu den mesozoischen Säugetieren. Das etwa 20 cm große Tier ähnelte einem heutigen Rüsselspringer und war vermutlich ein Allesesser, der weder Pflanzenkost noch Insekten verschmähte. Ptilodus dagegen war mit 50 Zentimeter Länge ein wahrer Riese! Wie die heutigen Eichhörnchen lebte dieser Säuger in den Bäumen.

| Kambrium | Ordovizium | Silur | Devon | Karbon |

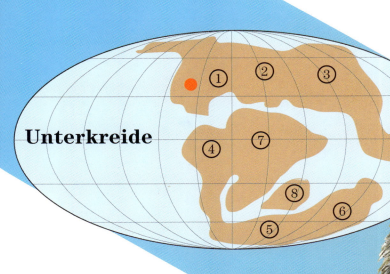

Dann trennte das ansteigende Meer die beiden Kontinente: Südamerika wurde eine Insel. Nur zu den Kontinenten Antarktis und Australien gab es noch Landbrücken. So gelangten die Beuteltiere nach Australien. Alle heute dort lebenden Beuteltiere stammen von diesen Erstankömmlingen ab.

Wanderer über die Erdteile

Wir befinden uns in der Kreidezeit vor über 90 Millionen Jahren. Damals waren Australien, die Antarktis, Süd- und Nordamerika noch eine große zusammenhängende Landmasse. Zu dieser Zeit lebten in Nordamerika die ersten Beuteltiere, die so ähnlich aussahen wie das heutige Opossum. Da sie in Nordamerika immer zahlreicher wurden, verbreiteten sie sich nach und nach bis nach Südamerika.

Alphadon war ein typisches Beuteltier der Kreidezeit. Der 30 cm lange opossumähnliche Allesesser konnte ausgezeichnet klettern.

In den Flüssen Australiens geht das Schnabeltier auf Nahrungssuche und passt auf, dass das Junge im Beutel dabei nicht nass wird.

Der etwa 50 cm große Beutelteufel geht auf Jagd nach Insekten und kleinen Säugetieren. Heute sind Beutelteufel fast nur noch in Tasmanien zu finden.

| erm | Trias | Jura | **Kreide** | Tertiär |

Vor etwa 55 Millionen Jahren wurden dann auch Antarktis und Australien zu selbstständigen Kontinenten, die sich langsam von Südamerika entfernten. Da das Klima in der Antarktis immer kälter und der Kontinent schließlich von großen Eismassen überzogen wurde, konnten anders als in Australien keine Beuteltiere überleben.

Im frühen Tertiär gab es noch eine Landbrücke zwischen Nordamerika und Europa, die die Beuteltiere ebenfalls nutzten. So lebten vor über 40 Millionen Jahren sogar in Deutschland Beuteltiere. Heute gibt es Beuteltiere jedoch nur in Australien und ganz wenige in Südamerika. Als Grund dafür, dass in Europa keine mehr leben, wird immer die Überlegenheit der echten Säugetiere angegeben. Aber niemand weiß, ob diese Begründung zutrifft.

Kilometerweit trägt das Känguruh seine Jungen durch das australische Grasland. Es erreicht dabei Geschwindigkeiten bis zu 88 km/h.

Gerne hockt der Koalabär in einer Astgabel und ruht sich aus.

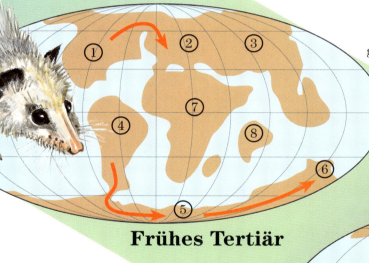

Frühes Tertiär

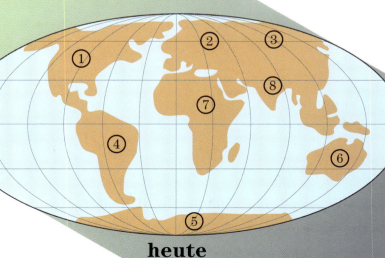

heute

So veränderten sich die Kontinente:
1 Nordamerika
2 Europa
3 Asien
4 Südamerika
5 Antarktis
6 Australien
7 Afrika
8 Indien

| Kambrium | Ordovizium | Silur | Devon | Karbon |

Das ist das Pyrotherium, das „Feuertier". Dieses drei Meter lange südamerikanische Huftier heißt so, weil Reste von ihm in den Ablagerungen vulkanischer Asche in Argentinien gefunden wurden. Es hatte einen kurzen Rüssel und erinnert mit seinem massigen Körper und den kurzen Säulenbeinen an einen Elefanten. Wie dieser ernährte es sich von Pflanzen.

Ein weiteres Südhuftier war das nashornähnliche Toxodon. Mit fast drei Meter Länge war es etwas kleiner als das Feuertier. Pampasgräser gehörten zu seiner Lieblingsmahlzeit. Da durch diese harte Kost die Zähne stark abgerieben wurden, brauchte es große und hohe Zähne, die zeitlebens nachwuchsen.

Wie ein Flusspferd verbrachte das etwa 2,5 Meter lange Astrapotherium oder Sternfußtier viel Zeit im Wasser und ernährte sich vegetarisch. Es hatte vermutlich einen Rüssel. Seine vier Eckzähne ragten als lange Hauer aus seinem Maul heraus.

| Trias | Jura | Kreide | Tertiär |

Mit Huf und Rüssel

Wir reisen nun nach Südamerika, als es noch eine riesige Insel war. Vor 60 Millionen Jahren lebten dort keine Pferde, Kühe und Schweine. Und auch keine Löwen oder Elefanten. Auf dieser Insel existierten neben einigen wenigen Urhuftieren und den Beuteltieren nur Gürteltiere, Ameisenbären und Faultiere. Alle waren Insekten- oder Pflanzenesser. Nur wenige Fleischesser wie die Beutelhyänen oder der Säbelzahnbeutler Thylacosmilus gingen auf die Jagd.

Auf dieser abgeschiedenen Insel lebten die Tiere recht friedlich. Aus den Urhuftieren konnten sich so die südamerikanischen Huftiere entwickeln, die besonders ungewöhnlich aussahen. Sie hatten so merkwürdige Namen wie Pyrotherium, Toxodon, Astrapotherium und Macrauchenia. Unter ihnen gab es hasenkleine Tiere, aber auch nashorngroße.

Wie aus mehreren Tieren zusammengesetzt sah das drei Meter lange Macrauchenia aus. Seine Füße ähneln denen des Nashorns, sein Hals erinnert an ein Kamel und sein langer, muskulöser Rüssel an einen Elefanten.

Dieses friedliche Zusammenleben dauerte rund 55 Millionen Jahre. Dann senkte sich das Meer und eine Landverbindung zu Nordamerika entstand. Nun wanderten viele Raubtiere und andere Säugetiere nach Südamerika. Dieser starken Konkurrenz waren die friedlichen südamerikanischen Huftiere nicht gewachsen. Außerdem wurden sie von den eingewanderten Fleischessern gejagt. Bald starben die Huftiere aus, ohne Nachkommen zu hinterlassen.

| Kambrium | Ordovizium | Silur | Devon | Karbon |

Noch heute leben in den Urwäldern Südamerikas Faultiere. Sie heißen so, weil sie scheinbar den ganzen Tag faul in den Ästen hängen. So kam es jedenfalls den Forschern vor, die diese Tiere im letzten Jahrhundert zum ersten Mal sahen.

Stell dir vor,

obwohl es so groß war, wurde das schwerfällige Megatherium dennoch oft von Raubtieren gejagt. Es verteidigte sich dann mit seinen kräftigen Klauen gegen die Angreifer. Manchmal konnte es auch in ein Gewässer fliehen und davonschwimmen.

Mit Hilfe seines kurzen, starken Schwanzes hat sich das Megatherium auf die Hinterbeine aufgerichtet. Sein Kopf ragt nun sechs Meter hoch in die Baumkrone! Die gekrümmten, mit drei Krallen besetzten Vorderfüße finden Halt in den Ästen. Und hungrig packt es mit seiner langen Greifzunge Zweige und Blätter, die in seinem Maul verschwinden und genüsslich zermalmt werden.

| Perm | Trias | Jura | Kreide | Tertiär |

Das riesige Megatherium lebte während des Pleistozäns in den spärlich bewachsenen Baumsteppen Südamerikas. Es war das größte Faultier, das jemals gelebt hat. Dies drückt auch der wissenschaftliche Name aus, der übersetzt „Großtier" bedeutet. Erst vor 10 000 Jahren ist es ausgestorben.

Das Riesenfaultier Megatherium sah ganz anders aus als die baumbewohnenden Faultiere, die heute in den Urwäldern Mittel- und Südamerikas leben. Es war so groß und so schwer, dass es nicht auf Bäume klettern konnte. Seine Füße hatten lange Klauen. Und das Megatherium lief gemächlich und langsam auf den Außenkanten seiner Füße. Das sah so ähnlich aus wie bei seinem heute lebenden entfernten Verwandten, dem Ameisenbären. Den könnt ihr im Zoo beobachten.

Das „Großtier" hatte einen langen, massigen Körper mit einem dichten Haarkleid. Das weiß man, da bei den Skelettresten auch gelegentlich Teile seines Fells gefunden wurden.

Gemächlich holt sich das Megatherium Zweig für Zweig vom Baum herunter. Mit seinen muskulösen Kiefern zermalmt es die Pflanzenkost, während ein anderes „Großtier" schon dem nächsten Baum zustrebt.

Das Megatherium

Name:	„Großtier"
Zeit:	Pleistozän
Größe:	bis zu 7 Meter lang, so groß wie ein Elefant
Gewicht:	etwa 3 Tonnen
Nahrung:	Zweige, Blätter und Kräuter
Lebensraum:	Südamerika
Besondere Merkmale:	läuft auf den Außenkanten der Füße

| Kambrium | Ordovizium | Silur | Devon | Karbon |

Im Urwald

Wir befinden uns in Ostdeutschland vor rund 45 Millionen Jahren. Damals wuchsen dort Sumpf- und Urwälder mit Bananengewächsen, Magnolien, Kakao- und Gummibäumen. Wenn ihr heute dorthin fahrt, dann seid ihr in einem großen Braunkohlerevier mit lärmendem Tagebau und stinkenden Brikettfabriken.

Damals aber beherrschten die Tiere das Tal. Im Wasser tummelten sich verschiedene Fische und Wasserschildkröten. Bis zu vier Meter große Krokodile lauerten auf Urpferde, die am Ufer grasten.

Die feucht-heiße Luft ist angefüllt vom Gesumm zahlreicher Insekten. Krächzend fliegt ein Nashornvogel über den Sumpf. Eine kleine Gruppe hasengroßer Urpferde weidet an der sumpfigen Wasserstelle, während sich am Ufer ein Krokodil sonnt. Da bricht plötzlich ein riesiger Vogel aus dem dunklen Unterholz hervor. Schnell fliehen die Urpferde vor Diatryma.

| Perm | Trias | Jura | Kreide | **Tertiär** |

Besonders während der Trockenzeiten hatten die Krokodile reiche Beute. Dann kamen unzählige Tiere, wie die kleinen Urpferde, an die wenigen verbliebenen Wasserstellen zum Trinken.

Zu den größten Tieren des Eozän zählte der plump gebaute Riesenlaufvogel Diatryma. Wie die heutigen australischen Laufvögel lebte er im dichten Wald. Aus diesem brach er plötzlich hervor, um kleine Säugetiere und Reptilien mit seinem kräftigen Schnabel zu packen. Nur eine schnelle Flucht rettete die kleinen Säuger.

Tagsüber kreisten kondorähnliche Großraubvögel, Nashornvögel und Kraniche über den Sumpfwäldern, während nachts Fledermäuse Jagd auf Insekten machten.

| Kambrium | Ordovizium | Silur | Devon | Karbon |

38 Es ist Paarungszeit. Am Ufer brüllen und kämpfen zwei Bullen um die Gunst des Weibchens. Erschreckt durch den Lärm reißt das Brontotherium-Weibchen ihren Kopf hoch.

Auf ihren Streifzügen und Bisonjagden fanden Sioux-Indianer im Nordwesten von Nordamerika immer wieder Knochen riesiger Tiere. Sie nannten sie „Donnerpferde", weil sie glaubten, dass diese Tiere während schwerer Gewitterstürme aus den Wolken sprangen, um den Indianern die Bisonherden zuzutreiben.

Was die Indianer tatsächlich gefunden hatten, waren die Knochen eines riesigen Brontotheriums. Trotz ihrer Ähnlichkeit mit einem Nashorn sind sie tatsächlich recht nah mit

den Pferden verwandt. Vor über 35 Millionen Jahren durchstreiften große Brontotherienherden die sumpfigen Ufer der großen Flüsse auf der Suche nach Nahrung. Reichlich Blätter und Knospen fanden sie in dem frischen Grün der Flussauen. Noch lieber mochten sie aber die weichen Wasserpflanzen.

Auf dem Schädel trugen die Donnertiere große knochige Y-förmige Nasenauswüchse. Diese charakteristischen Knochengabeln waren entweder mit Fell oder auch nur mit Haut bedeckt. Männchen besaßen stärker ausgebildete Knochengabeln als die Weibchen. Sie dienten vermutlich zur Verteidigung der Herde gegen Raubtiere und im Rivalenkampf zur Eroberung von Weibchen.

Vor etwa 30 Millionen Jahren sind die Brontotherien verschwunden. Der Grund war wohl eine Klimaveränderung: Die feuchten Gebiete mit reichlich Laubwäldern wurden zunehmend zu trockenen Grassteppen. Mit ihrem Gebiss konnten die Brontotherien nur ganz weiche Pflanzen zerkauen, aber kein hartes Gras zermahlen. Anders als die Pferde stellten sie sich nicht schnell genug auf die harte Nahrung um und starben deshalb aus.

Zwei spitze Hörner sind das Merkmal des Arsinoitheriums. Mit ihnen hat der Pflanzenesser sich und seine Jungen vermutlich verteidigt. Das über drei Meter lange Tier lebte zur gleichen Zeit wie das Brontotherium.

Das Uintatherium oder „Ungeheuer von Uinta" war mit vier Meter Länge das größte Landsäugetier im frühen Tertiär. Der nashornähnliche Pflanzenesser trug auf seinem massigen Schädel sechs Hörner.

Zur gleichen Zeit wie das Brontotherium lebte in Asien ein noch viel größerer Pflanzenesser. Das hornlose Nashorn Baluchitherium war **sechs Meter** hoch, neun **Meter** lang und rund 30 **Tonnen** schwer! Es wog soviel wie ein Apatosaurus.

Das Brontotherium

Name:	„Donnertier", „Donnerpferd der Sioux"
Zeit:	Oligozän
Größe:	bis 5 m lang, 2,5 m hoch, größer als ein Nashorn
Gewicht:	etwa 2-3 Tonnen
Nahrung:	Laub und weiche Wasserpflanzen
Lebensraum:	westliches Nordamerika
Besondere Merkmale:	konnte vermutlich nicht so gut sehen

Stell dir vor,

die Brontotherien hatten nur ganz kleine Augen und konnten wahrscheinlich nur schlecht sehen. Stattdessen konnten sie wohl sehr gut riechen oder hören, um Feinde rechtzeitig wahrzunehmen.

| Kambrium | Ordovizium | Silur | Devon | Karbon |

Im Laufe von ungefähr 50 Millionen Jahren entwickelte sich aus dem nur hasengroßen Eohippus das moderne einzehige Pferd.
Das Eohippus hatte an den Vorderbeinen vier und an den Hinterbeinen drei Zehen.

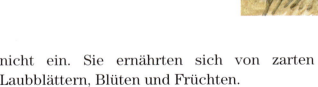

Auch Mesohippus hatte dreizehige Füße, allerdings war die mittlere Zehe schon länger als die beiden äußeren und mit einem starken Huf versehen.

Vom kleinen Laub- zum großen Grasesser

Die Vorfahren der Pferde waren anpassungsfähiger als die Brontotherien. Seit Beginn der Erdneuzeit entwickelten sich die Pferde von kleinen laubessenden Waldbewohnern zu großen Grasessern. Immer wieder mussten sich die Vorfahren der Pferde veränderten Lebensbedingungen anpassen.

Der erste bekannte Vorfahr des heutigen Pferdes ist das Eohippus, das „Pferd der Morgenröte". Mit 20 Zentimeter Schulterhöhe war es gerade mal so groß wie ein Hase. Im dichten Wald, wo es lebte, war das ein großer Vorteil - so konnte es sich leicht verstecken. Diese Urpferde traten noch mit vier Zehen auf, sanken also auch im sumpfigen Waldboden nicht ein. Sie ernährten sich von zarten Laubblättern, Blüten und Früchten.

Rund 25 Millionen Jahre später, im Oligozän, trat das Mesohippus auf. Meso heißt „mittel-" und bezieht sich auf die Größe der Pferde. Mesohippus war ungefähr schafgroß. Es lebte immer noch im Wald, aber seine Zehen hatten sich verändert. Vor allem lebte es nicht mehr allein, sondern zog in großen Herden herum, immer auf der Suche nach den Blättern seiner Lieblingsbäume.

| Perm | Trias | Jura | Kreide | **Tertiär** |

Im Miozän, zehn Millionen Jahre später, wurde das Klima immer trockener. Es gab immer weniger Wälder, dafür breiteten sich weite Grassteppen aus. Hier lebte das eselgroße Merychippus, das bedeutet übersetzt „grasendes Pferd". Es war immer noch dreizehig, hatte aber schon eine große Mittelzehe. Auf dem harten Untergrund der Grassteppe lief es auf nur einer Zehe, während es auf dem weichen Waldboden alle drei Zehen aufsetzte. Wie sein Name sagt, war es das erste Pferd, das sich ausschließlich von Gräsern ernährte. Sein Gebiss musste sich deshalb auf die harte Graskost der Steppe umstellen: Die Zähne wurden hochkronig, also länger, und härter.

Im Pliozän vor 5 Millionen Jahren gab es in Nordamerika dann endgültig keine Wälder mehr. In den weiten Prärien lebte das erste einzehige Pferd Pliohippus. Dieses Pferd war mit fast eineinhalb Meter Schulterhöhe schon so groß wie die Przewalski-Pferde.

Die Nachfahren von Pliohippus durchstreifen heute die Savannen und Halbwüsten Asiens und Afrikas: Wildpferde, Esel und Zebras.

Die Przewalski-Pferde sind die letzten heute noch lebenden Wildpferde. Früher durchstreiften große Herden die Steppen und Halbwüsten Zentralasiens. In der freien Wildbahn leben heute keine Przewalski-Pferde mehr. Nur noch in einigen Zoos kannst du sie besuchen. Die seltenen Pferde sind vom Aussterben bedroht.

Die heutigen Pferde besitzen nur noch eine Zehe mit einem kräftigen Huf.

Merychippus lief auf einer großen Mittelzehe umher. Die beiden äußeren Zehen verkümmerten zu kleinen Anhängseln.

| Kambrium | Ordovizium | Silur | Devon | Karbon |

42 Anders als die heutigen Wale bewegte sich der Urwal Basilosaurus wie eine Schlange durchs Wasser.

Der Urwal

Name: Basilosaurus, der „König der Saurier"
Zeit: Eozän
Größe: bis zu 20 Meter lang
Gewicht: etwa 10 Tonnen
Nahrung: Fische und Tintenfische
Lebensraum: Nordamerika, Nordafrika
Besondere Merkmale: bis vor kurzem hielt man ihn für einen Saurier

Stell dir vor,

vor 100 Jahren galt der Urwal als gefährliches Meeresungeheuer, das riesige Schiffe in die Tiefe des Ozeans zog, obwohl es ihn schon lange nicht mehr gab.

Gefangen! Für den Tintenfisch gibt es kein Entkommen. Schnell stößt er noch eine Tintenwolke aus, doch sie nützt ihm nichts mehr. 44 messerscharfe Zähne halten ihn fest.

Diese spitzen Zähne gehörten einem gefährlichen Fischräuber, dem Basilosaurus. Im Eozän hätten wir diesem 20 Meter langen Ungetüm im Meer begegnen können. Basilosaurus gehört zu den größten Meerestieren der Eozänzeit. Doch schon im Oligozän war er wieder verschwunden.

Aus ihm haben sich die heute lebenden Wale entwickelt. Betrachtet man den Urwal, denkt man jedoch zuerst an ein anderes Tier. Seine Gestalt erinnerte eher an eine riesige Schlange: Sein Körper war schmal und langgestreckt. Sein Kopf maß eineinhalb Meter, sein Rumpf ganze drei Meter - die restliche Länge von über 15 Meter entfiel auf seinen Schwanz.

Basilosaurus bewegte sich wie eine Seeschlange schlängelnd durchs Wasser. Nur seine kleinen Hinterbeinreste erinnerten noch daran, dass seine Vorfahren einmal auf dem Land gelebt hatten.

| Kambrium | Ordovizium | Silur | Devon | Karbon |

Der heutige Elefant hat ebenso wie das Dinotherium Rüssel und Stoßzähne. Wie der Schädel zeigt, waren die Zähne des Dinotheriums allerdings nach unten gebogen.

Von kleinen und großen Rüsseln

Alle Rüsseltiere haben einen langen Rüssel und große Stoßzähne. Heute gibt es nur noch zwei Rüsseltiere auf der Welt, den Afrikanischen und den Asiatischen Elefanten. Sie sind ein spärlicher Rest der vielen Arten, die fast auf der ganzen Welt lebten.

Hier am Wasserfall gibt es schmackhafte Sumpfpflanzen, die das Moeritherium, das erste uns bekannte Rüsseltier, mit seinen kleinen Hauern herausreißt. Dieses Tier heißt so, weil man Überreste von ihm im Moeris-See in Ägypten gefunden hat. Moeritherium hatte nur eine kurze Nase und sieht eher wie ein Flusspferd aus. Aber seine Zähne waren schon wie kleine Stoßzähne vergrößert. Und das zeichnet ein Rüsseltier nun einmal aus.

Im Laufe von Millionen Jahren wurden die Zähne zu vier richtigen Stoßzähnen umgeformt. Der Rüssel bildete sich erst nach und nach und wurde bei späteren Arten immer länger. Mit ihm konnten die kurzhalsigen Tiere Nahrung vom Boden aufheben oder aus den Baumkronen pflücken.

Vier lange Stoßzähne trug das Gomphotherium in seinem Maul. Zusammen mit dem ungefähr gleich langen Rüssel holte es damit Blätter von den Bäumen.

Beim Platybelodon waren die unteren Stoßzähne zu Schaufeln verbreitert. Damit riss er die weichen Wasserpflanzen aus dem Bodenschlamm.

Eine weitere frühe Elefantenart war der drei Meter hohe Anancus. Er hatte extrem verlängerte Stoßzähne im Unterkiefer, die fast waagerecht nach vorne gerichtet waren. Mit ihnen grub er Wurzeln aus dem Boden aus.

Von den Rüsseltieren des Tertiärs stammen die verschiedenen Mammutarten des Eiszeitalters und die heutigen Elefanten ab. Alle heutigen Elefanten tragen lange Stoßzähne nur noch im Oberkiefer.

In einer eigenen Entwicklungslinie entwickelten sich die Dinotherien oder Hauerelefanten. Diese Giganten mit bis zu fünf Meter Schulterhöhe trugen Stoßzähne nur im Unterkiefer, die zudem stark nach unten gebogen waren. Vermutlich zog der Laubesser mit ihnen Äste von den Bäumen herab oder hebelte kleinere Bäume aus dem Boden. Erst vor einer Million Jahren ist er ausgestorben.

Hungrig nähert sich das Moeritherium der sumpfigen Wasserstelle. Erst nachdem es die Umgebung aufmerksam beobachtet hat, wühlt es mit seiner dicken Oberlippe bedächtig nach weichen Pflanzen im Sumpf.

| Perm | Trias | Jura | Kreide | Tertiär |

Vier Stoßzähne im Unter- und im Oberkiefer kennzeichnen das Gomphotherium. Gomphos bedeutet „Pflock" und bezeichnet die Form seiner Zähne.

Der Schaufel-Elefant Platybelodon hatte breite, kurze Unterkieferzähne. Platybelodon heißt übersetzt „breiter Pfeilzahn".

Drei bis vier Meter lang wurden die geraden Stoßzähne im Unterkiefer des Anancus.

Ungewöhnlich sehen die rechtwinklig nach unten gebogenen Stoßzähne im Unterkiefer des Dinotherium aus. Dinotherium heißt übersetzt „Schreckenstier".

| Kambrium | Ordovizium | Silur | Devon | Karbon |

Das Wollhaarmammut lebte in der Eiszeit bei frostigen Temperaturen. Es trug ein dickes schwarzes Fellkleid mit bis zu 35 Zentimeter langen Zottelhaaren. Als weiteren Schutz gegen die grimmige Kälte hatte es darunter noch einen Pelz aus feinen wolligen Haaren und eine dicke Fettschicht unter der drei Zentimeter dicken Haut. Im Herbst fraß sich das Mammut diese Fettschicht für den harten Winter an. Weitere Nährstoffe speicherte es in einem Fetthöcker am Nacken.

Wie bei unseren Elefanten lebten die Mutter- und Jungtiere in einer Herde, während die Bullen als Einzelgänger durch die eiszeitliche Tundra zogen. Täglich benötigte das Mammut etwa 300 Kilogramm Pflanzenfutter. Es ernährte sich hauptsächlich von Kräutern und Gräsern, die es geschickt mit seinem Rüssel pflückte und in sein Maul schob. Aber es weidete auch die zahlreichen Moose und Flechten ab.

Obwohl das Mammut mit seinen gewaltigen gekrümmten Stoßzähnen einen riesigen Eindruck macht, war es kleiner als ein Afrikanischer Elefant. Solch ein Stoßzahn konnte drei bis vier Meter lang werden und wog dann 150 Kilogramm.

Die Menschen der Eiszeit schnitzten aus den Knochen und dem Elfenbein der Mammuts Waffen, Schmuck und allerlei Geräte. In baumfreien Landschaften bauten sie sogar kleine Hütten mit den stark gebogenen Stoßzähne.

Das Wollhaarmammut

Name:	Mammuthus primigenius
Zeit:	Mitte bis Ende des Pleistozäns
Größe:	Schulterhöhe bis zu 3 m, kleiner als ein Afrikanischer Elefant
Gewicht:	etwa 6 Tonnen wie ein Afrikanischer Elefant
Nahrung:	Kräuter, Gräser, Moose, Flechten
Lebensraum:	Europa, Asien, Nordamerika
Besondere Merkmale:	Mutter- und Jungtiere leben in einer Herde

Am Ende der Eiszeit vor etwa 10000 Jahren starb das Mammut aus. Damals wurde das Klima milder und Wälder verdrängten das für die Mammuts lebenswichtige Grasland. In der veränderten Landschaft konnten sie nicht überleben.

Die eiszeitlichen Jäger hinterließen an den Höhlenwänden Zeichnungen aller Tiere, die sie auf ihren Streifzügen sahen. Daher kennt man das Aussehen der Mammuts sehr genau.

Das ist das Skelett eines Mammuts. An ihm könnt ihr gut den riesigen Schädel mit den gewaltigen gebogenen Stoßzähnen erkennen.

| Perm | Trias | Jura | Kreide | Tertiär |

Stell dir vor,

in Sibirien und Alaska wurden tiefgefrorene Mammuts gefunden. Deren Fell, Rüssel und Ohren waren gut erhalten und das Fleisch nicht verdorben. Sogar der Magen war noch mit Pflanzenresten gefüllt. Deshalb weiß man nun, was auf dem Speisezettel der Mammuts stand.

Zärtlich kuschelt sich das Mammutbaby an seine Mutter. Das Kleine ist satt, nachdem es viel fette Muttermilch getrunken hat. Liebevoll tätschelt die Mutter ihr Junges.

Kambrium	Ordovizium	Silur	Devon	Karbon

Tiere der Eiszeit

Ein kalter Wind fegt von den gletscherbedeckten Bergen über das Tal hinweg. Mühsam scharrt ein Wollnashorn mit seinem großen, bis zu einem Meter langen Horn den verharschten Schnee von den Kräutern und Gräsern. Wenn tagelang eiskalte Stürme über das Land fegen, kann es seinen Hunger nicht stillen und muss von seinen Fettvorräten leben, die es sich im letzten Sommer angefressen hat.

Da geht es der Höhlenhyäne besser. Trotz Schnee und Eis findet der Aasesser immer wieder ein verendetes Rentier. Fauchend verteidigt die Hyäne nun ihre Beute gegen den Höhlenlöwen, der auch einen Bissen abhaben möchte.

Wir befinden uns in Europa während der letzten Eiszeit vor mehr als 15 000 Jahren. Damals herrschten frostige Temperaturen, und Schnee und Eis bedeckten fast das ganze Jahr den Boden. Die Sommer waren nur sehr kurz.

In der baumlosen Landschaft begleiteten einzelne Wollnashörner die Mammutherden auf ihren Wanderungen. Ihr zottiges Fellkleid hielt die Nashörner warm und ließ sie der grimmigen Kälte trotzen. Sie waren für die Menschen der Eiszeit eine willkommene Jagdbeute.

Höhlenbär, Höhlenhyäne und Höhlenlöwe waren Zeitgenossen des Wollnashorns.

| erm | Trias | Jura | Kreide | Tertiär |

Diese Raubtiere verdanken ihren Namen der Tatsache, dass ihre Knochen meist in eiszeitlichen Höhlen gefunden wurden. Höhlenzeichnungen geben Auskunft über das Aussehen dieser Tiere. So hatte der Höhlenlöwe anders als die Löwen, die wir heute kennen, keine Mähne. Auch war er bis zu einem halben Meter größer. Rentiere und Wildpferde, die in großen Herden durch die Eiszeitlandschaft zogen, mussten vor ihm und den Wolfsrudeln sehr auf der Hut sein. Vor allem kranke und geschwächte Tiere fielen den Raubtieren zum Opfer.

Das Wollnashorn starb, wie auch das Mammut und andere eiszeitliche Tiere, am Ende der letzten Eiszeit aus. Durch den Anstieg der Temperaturen verschwand das Grasland, dichte Wälder breiteten sich aus. Dort konnten die grasessenden Großsäuger nicht überleben. Auch die Menschen, die geschickt mit Fallen und Speeren umgingen, waren für das Aussterben verantwortlich.

Es ist Tag, aber die tiefstehende Sonne spendet nur wenig Licht. Die Atemluft gefriert als weiße Wolke vor dem Maul der knurrenden Höhlenhyäne. Sie konnte ihre Beute nicht rechtzeitig vor dem Höhlenlöwen in ihr Versteck zerren. Für die Räuber unter den Tieren gibt es jetzt genug Nahrung, während das Wollnashorn mit kargen Gräsern vorlieb nehmen muss.

| Kambrium | Ordovizium | Silur | Devon | Karbon |

| Trias | Jura | Kreide | Tertiär |

Der Frühling ist da! Nach einem langen, harten Winter wird es endlich wieder wärmer. Die kleinen Bärenjungen sind von ihrem ersten Ausflug ins Freie zurückgekehrt. Übermütig tollen sie um ihre Mutter herum und scheuchen dabei einige Fledermäuse aus ihrem Schlaf auf. In dieser kleinen Höhle sind die beiden Jungen während des eiskalten Winters vor ein paar Monaten auf die Welt gekommen.

Höhlenbären lebten während der späten Eiszeit in ganz Mitteleuropa. Sie waren aber keineswegs Höhlentiere. Nur für den Winterschlaf suchten sie, wie die heutigen Bären, Höhlen auf. Knochen von fast 30000 vermutlich an Altersschwäche gestorbenen Tieren wurden jedoch in Höhlen gefunden und gaben den Tieren ihren Namen.

Wie die heutigen Braunbären haben sich auch die Höhlenbären fast ausschließlich von Kräutern, Wiesenpflanzen und Beeren ernährt. Besonders im Herbst, wenn viele Früchte reif wurden, fraßen sie sich eine dicke Fettschicht für den mehrmonatigen Winterschlaf an. Die Bären verschmähten aber auch kleinere Säugetiere wie Lemminge nicht. Ein seltener Leckerbissen war der Honig wilder Bienen.

Da die Knochen der Höhlenbären oft zusammen mit Überresten von eiszeitlichen Menschen gefunden wurden, glaubte man, dass die Menschen mit den Bären in den Höhlen lebten. Das stimmt aber nicht. Denn während die Bären ihren Winterschlaf in den Höhlen verbrachten, nutzten die eiszeitlichen Jäger das feucht-kühle Klima im Sommer als „Kühlschrank". Dort bewahrten sie ihre erbeuteten Hirsche und Rentiere auf und bestatteten wohl auch ihre Toten. An den Wänden hinterließen die Menschen dann ihre Malereien.

Verteidigungsbereit hebt die Höhlenbärin die Pranke. Den Jungen droht keine Gefahr von den Fledermäusen, die vom Herumtollen und Quieken aufgeschreckt worden sind.

Trotz seines gelblich-weißen Fells ist der Eisbär ein naher Verwandter des Höhlenbären.

Die Höhlenbären starben gegen Ende der Eiszeit vor etwa 10000 Jahren aus. Der rasche und grundlegende Klimawechsel hatte ihnen ihren Lebensraum und ihre Nahrungsgrundlage entzogen.

Stell dir vor,

die Höhlenbären haben die Felswände in ihren Höhlen regelrecht glatt poliert, wenn sie immer wieder durch enge Gänge durchschlüpften.

Auch der nah verwandte Braunbär verbringt den Winter in einer Höhle.

Der Höhlenbär

Name:	Ursus spelaeus, Ursus heißt übersetzt „Bär", spelaeus „Höhle"
Zeit:	Pleistozän
Größe:	Schulterhöhe etwa 1 Meter
Gewicht:	bis zu 800 kg
Nahrung:	Kräuter, Beeren und andere Früchte, Gräser, Honig, kleinere Säugetiere
Lebensraum:	Mitteleuropa bis zum Kaukasus
Besondere Merkmale:	war aufgerichtet 2 m hoch wie die heute lebenden Grizzlybären

| Kambrium | Ordovizium | Silur | Devon | Karbon |

Tiere der Warmzeit

Die Zeit von vor 2,5 Millionen Jahren bis vor 10300 Jahren nennt man das Eiszeitalter. In dieser Epoche wechselten sich regelmässig lange Eiszeiten und kurze Warmzeiten ab. In diesen Warmzeiten war das Klima sogar noch wärmer als heute, und in Europa lebten ganz andere Tiere als während der Eiszeiten. Die kälteliebenden Mammuts, Wollnashörner und Rentiere wanderten in den kühlen Norden und aus dem Süden zogen wärmeliebende Tiere nach.

Mit einer Länge von fast zwei Metern von der Nase bis zur Schwanzspitze zählte die Säbelzahnkatze zu den größten Raubtieren der damaligen Zeit. Sie war ein gefürchteter Räuber und jagte auch größere

Zwischen den Bäumen ist ein großer Waldelefant aufgetaucht. Von der Säbelzahnkatze, die am Ufer trinkt, hat er nichts zu befürchten. Die Riesenhirsche halten respektvollen Abstand.

| erm | Trias | Jura | Kreide | Tertiär |

Beutetiere. Ihre mehr als fingerlangen oberen Eckzähne gaben ihr ihren Namen.

Der elchgroße Riesenhirsch trug im Sommer ein stattliches Schaufelgeweih, das rund fünfzig Kilogramm wog. Dieses Geweih war mit einer Spannweite von bis zu vier Metern das größte Hirschgeweih aller Zeiten. Die männlichen Tiere zeigten damit dem Gegner und den Weibchen ihre Stärke. Im Winter warfen sie es ab wie alle Hirsche.

Auch Waldelefanten besiedelten das warmzeitliche Europa. Mit einer Schulterhöhe von 4,5 Meter und bis zu drei Meter langen Stoßzähnen waren sie größer als die Elefanten Afrikas. In den kalten Phasen zogen sie sich in das Mittelmeergebiet zurück. Dort wurde der Waldelefant am Ende des Eiszeitalters durch den ansteigenden Wasserspiegel auf einzelnen Inseln isoliert und verkümmerte.

| Kambrium | Ordovizium | Silur | Devon | Karbon |

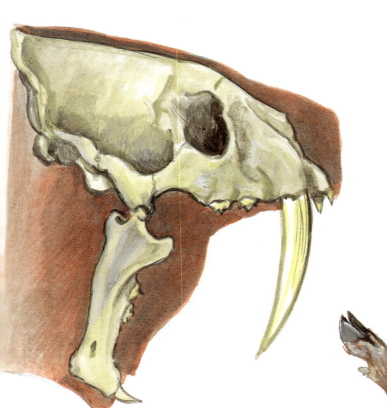

Die löwengroßen Säbelzahnkatzen begleiteten die großen Mammut- und Bisonherden im Pleistozän. Außerst furchterregend sahen die 20 Zentimeter langen Eckzähne in seinem Oberkiefer aus. Doch sein Körperbau verrät, dass es sich wohl um keine flinke Raubkatze handelte, die ihre Beute über längere Distanz hinweg jagen und einholen konnte. Smilodon lauerte seiner Beute auf. Mit scharfen Krallen an den kräftigen Vorderbeinen ergriff die Raubkatze ihre Opfer und hielt sie fest.

Die Säbelzahnkatze Smilodon konnte ihr Maul viel weiter öffnen als heutige Katzen und so die überlangen Eckzähne beim Beutejagen tiefer in das Fleisch hineinschlagen.

Stell dir vor,

in einer Fundstelle in Kalifornien fand man über 2000 Smilodon-Skelette. Dort erstreckten sich vor über 500 000 Jahren weite Sümpfe, die wie Wassertümpel aussahen. Säbelzahnkatzen, die sich arglos zum Trinken näherten, blieben in der klebrigzähen Masse hängen und mussten elendig sterben.

Der Smilodon

Name: Säbelzahnkatze
Zeit: Pleistozän
Größe: 1,2 m lang wie ein Löwe
Gewicht: etwa 500 kg, also mehr als die schwerste, heute lebende Katze, der Tiger
Nahrung: Fleisch und Aas
Lebensraum: Nordamerika und Südamerika
Besondere Merkmale: fügte Beutetieren mit den über 20 cm langen Säbelzähnen tödliche Wunden zu

Die Säbelzahnkatzen verfolgten bei ihrer Jagd eine ganz andere Strategie als die heute lebenden Katzen. Diese brechen durch einen kräftigen Biss ins Genick das Rückgrat ihrer Beute. Smilodon hingegen sprang vermutlich auf den Rücken seiner Opfer und stieß seine mächtigen Eckzähne von oben in den Leib des Opfers. Er riss ihm tiefe Fleischwunden, woran es verblutete. Wenn er einmal kein Jagdglück hatte, dann ernährte er sich auch von Aas.

Die gewaltigen Eckzähne wuchsen zeitlebens nach. Sie dienten Smilodon aber nicht nur bei der Jagd. Auch beim Imponierverhalten spielten sie eine Rolle. Er zeigte damit allen Artgenossen: „Seht her, ich bin das stärkste Männchen im Umkreis!"

Außer Smilodon, der in Amerika lebte, gab es auf der ganzen Welt in den letzten 30 Millionen Jahren verschiedene Säbelzahnkatzen. In Südamerika lebte sogar ein Beuteltier mit Säbelzähnen: der Säbelzahnbeutler Thylacosmilus. Erst vor etwa 14000 Jahren starben Smilodon und die anderen Säbelzahnkatzen aus. Der Grund dafür ist unbekannt.

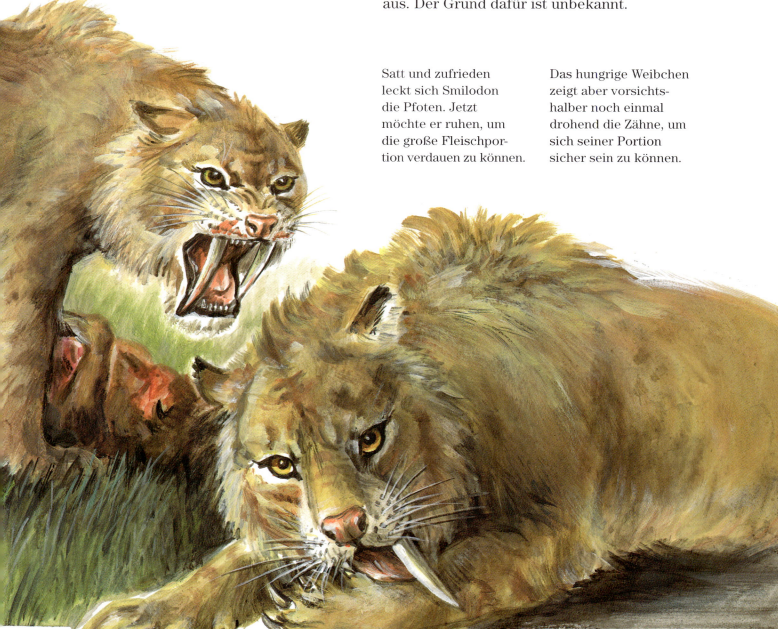

Satt und zufrieden leckt sich Smilodon die Pfoten. Jetzt möchte er ruhen, um die große Fleischportion verdauen zu können.

Das hungrige Weibchen zeigt aber vorsichtshalber noch einmal drohend die Zähne, um sich seiner Portion sicher sein zu können.

| Kambrium | Ordovizium | Silur | Devon | Karbon |

56 Umstellt! Von allen Seiten bedrängen Beutelhyänen das gepanzerte Riesengürteltier. Sie sind hungrig. Doch das Glyptodon weiß: „Mir können die lästigen Raubtiere nichts anhaben!" Geduldig wartet es, bis die Raubbeutler ihr Interesse verlieren und weiterziehen.

Das Glyptodon lebte vor 5 Millionen Jahren in den Savannen und Steppen Südamerikas. Dort fand das genügsame Tier ausreichend Futter, denn es war Grasesser. Sein massiver Kiefer war kräftig und sein Gebiss bestand aus langen Backenzähnen, die zeitlebens nachwuchsen. Das war auch notwendig bei der harten Graskost!

Mit über drei Meter Körperlänge und fast zwei Meter Höhe war Glyptodon größer als die heutigen Nashörner. Ein starrer, schildkrötenähnlicher Panzer aus einzelnen Knochenplatten schützte seinen Körper vom Kopf bis zum Schwanz. Seinen Kopf bedeckte zusätzlich ein Knochenschild. Und sein Schwanz war umgeben von einer „geringelten" Knochenrüstung mit spitzen Stacheln. So konnte ihm kein Raubtier etwas anhaben. Allerdings war der Körperpanzer des Riesengürteltiers sehr schwer und das Tier konnte nur langsam und schwerfällig laufen.

Im Pleistozän erreichten die Riesengürteltiere auch das südliche Nordamerika über die neu entstandene Landverbindung. Dort und in Südamerika starben sie vor weniger als 10000 Jahren aus. Die Indianer Patagoniens sind dem Glyptodon noch begegnet, denn zahlreiche Legenden handeln von ihm.

Stell dir vor,

auch heute noch leben in Südamerika Nachkommen des Riesengürteltiers: Sie sind jedoch mit nur knapp einem Meter Länge und einem Gewicht von 50 Kilogramm gegenüber Glyptodon richtige Zwerge!

Der Körperpanzer der heute lebenden Gürteltiere ist nicht mehr starr, sondern in mehrere Glieder unterteilt, die gegeneinander beweglich sind. Dadurch kann sich das heutige Gürteltier bei Gefahr zu einer Kugel zusammenrollen.

Ein Rudel hungriger Beutelhyänen durchstreift das offene Grasland. Da entdecken sie ein Glyptodon. Sie umstellen es, doch sie haben kein Glück mit der vermeintlichen Beute: Das Riesengürteltier trägt einen schützenden Körperpanzer vom Kopf bis zum Schwanz.

Das Glyptodon

Name: „Schneidezahn"
Zeit: Pliozän bis Pleistozän
Größe über 3 m lang, fast 2 m hoch, größer als ein Nashorn
Gewicht: 2 t, davon allein 400 kg Panzer
Nahrung: Gräser
Lebensraum: Südamerika, südliches Nordamerika
Besondere Merkmale: starrer, schildkrötenähnlicher Knochenpanzer

Der Plesiosaurier ist gestorben. Sein toter Körper sinkt im Meer nach unten auf den Boden.

Haut, Muskeln und Organe des Tieres haben sich am Meeresboden zersetzt. Nur das Knochenskelett ist übriggeblieben. Im Laufe der Jahre wird es immer mehr von Sand und Schlamm bedeckt.

Wie Fossilien entstehen

Die Geschichte des Lebens auf unserem Planeten könnte nicht geschrieben werden, wenn die Vorfahren der heute lebenden Pflanzen und Tiere nicht ihre versteinerten Spuren hinterlassen hätten. Diese Überreste ermöglichen es, die Entwicklung von den Anfängen des Lebens zu immer höher entwickelten Lebensformen zu verfolgen. Und auch unsere Reise zurück in die Vergangenheit hätten wir ohne Fossilien nicht antreten können.

Als Fossilien bezeichnet man die Reste früherer Lebewesen. Das Wort „fossil" stammt aus dem Lateinischen und bedeutet „ausgegraben" oder „versteinert".

Nur unter bestimmten Bedingungen können Pflanzen und Tiere versteinert werden und lange Zeit erhalten bleiben. Dies kann geschehen, wenn der leblose Körper bald nach dem Tod in einem Gewässer von Sand, Schlamm oder Schlick bedeckt wird. So kommt kein Aasfresser an den Körper heran. Die Weichteile wie Nase und Ohren verwesen zwar ebenfalls, aber die Hartteile wie Knochen und Schalen bleiben an Ort und Stelle liegen. Sie werden durch immer mehr Sand und Schlamm zugedeckt.

Im Laufe der Zeit werden die Sand- und Schlammschichten immer dicker und dicker. Sie verdichten und verhärten sich durch das große Gewicht der Schichten, die von oben drücken.

Das eingeschlossene Skelett wird von dem kalkhaltigen Wasser durchdrungen. Der Kalk füllt die feinen Hohlräume im Innern der Knochen aus. Daher bleiben die Knochen in den Gesteinsmassen erhalten.

Viele Millionen Jahre später hat sich das Land bewegt. Die Gesteine mit dem Fossil gehören nun zum Festland. Die Erosion sorgt dafür, dass Schicht um Schicht abgetragen wird. So wird das Fossil wieder freigelegt und kann gefunden werden.

Auch Eier, konservierte Fußabdrücke wie die Sauropodenspuren auf S.17 oder gar Kothaufen können als Fossilien erhalten bleiben. Sie geben Aufschluss über die Bewegungs- und Ernährungsweise früherer Lebewesen.

Dieses Dinosaurier-Ei ist viele Millionen Jahre alt. Es blieb erhalten, weil sich sein Inneres mit Mineralien füllte. Ähnlich geschah es bei den Knochen des Flugsauriers, dessen Skelett von Forschern mühsam aus dem umgebenden Gestein herauspräpariert wurde.

Die Schlammschichten, die auf das Skelett fallen, werden über mehrere Millionen Jahre immer dicker. Durch das Gewicht entsteht eine massive Gesteinsschicht. Und auch die Knochen des Tieres versteinern durch Kalk, der in sie eindringt.

Die Erdkruste hat sich verschoben und Erosion legt das Fossil frei. Nun kann es gefunden und geborgen werden.

Ein sehr schön erhaltener Ammonit. Dieser Verwandte der heutigen Tintenfische lebte im Erdmittelalter in großer Formenvielfalt in den Meeren.

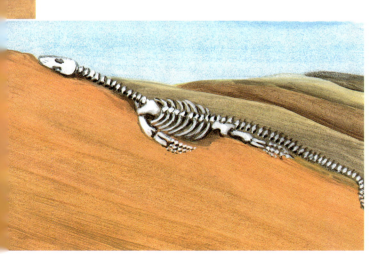

Oft sind Insekten und Blätter in Bernstein erhalten. An dem flüssigen Baumharz blieben sie vor vielen Millionen Jahren kleben. Das Harz umfloss die Tiere und Pflanzen und verhärtete sich zu Stein. Bernstein, gerade mit solchen Einschlüssen, ist heute ein beliebter Schmuck.

Kleines Lexikon

Dieses kleine Lexikon findest du in jedem Kinder-Kosmos. Wenn du nun jedes Lexikon abschreibst und alles neu alphabetisch ordnest, kannst du dir selbst ein großes Tier-Lexikon zusammenstellen.

Aas nennt man den Körper toter Tiere.

Ammoniten sind ausgestorbene Verwandte der heutigen Tintenfische. Diese Meeresbewohner lebten vom Devon bis in die Kreide. Sie hatten kalkige Gehäuse, die langgestreckt oder aufgerollt waren. Aus der Mündung am äußeren Ende ragte der Kopf mit den Fangarmen heraus. Dieses Kalkgehäuse ist bei den heutigen Tintenfischen noch als eine Art Innenknochen (Schulp) zu finden.

Amphibien oder Lurche sind wechselwarme Wirbeltiere. Sie leben vorwiegend in der Nähe vom Wasser, da ihre Ei- und Larvenentwicklung sich fast immer im Wasser abspielt. Im Devon waren die Amphibien die ersten Landwirbeltiere.

Art Zwei Lebewesen gehören dann zur gleichen Art, wenn sie miteinander gesunde fruchtbare Nachkommen haben können.

Aussterben ist das endgültige Verschwinden einer Art. In der Erdgeschichte gab es neben dem „normalen" Aussterben von einzelnen Arten immer wieder Umweltveränderungen, die so schnell auftraten, dass es zu einem Massenaussterben kam wie im Ordovizium, Devon, an der Wende Perm/Trias, in der Trias und an der Wende Kreide/Tertiär. Heutzutage sterben viele Tier- und Pflanzenarten aus, weil ihr Lebensraum durch Menschen zerstört wird.

Balzverhalten Vor der Paarung müssen die Männchen um die Weibchen werben. Das wird Balz genannt. Dabei versucht das Männchen durch auffallende Körperfarben oder -formen oder durch ein auffallendes Verhalten dem Weibchen zu imponieren.

Beuteltiere sind eine Gruppe von Säugetieren, deren Jungen winzig klein geboren werden. Sie klettern selbstständig in den Beutel der Mutter, wo sich die Zitzen befinden. Dort bleiben sie, bis sie auch andere Nahrung aufnehmen können. In der Oberkreide waren die meisten Säugetiere Beuteltiere. Heute leben Beuteltiere fast nur noch in Australien.

Echte Säugetiere Die meisten heute lebenden Säugetiere wie Hunde, Kühe, Elefanten und Mäuse sowie der Mensch sind Echte Säugetiere. Die Jungen wachsen in der mütterlichen Gebärmutter heran und werden erst geboren, wenn sie lebensfähig sind.

Eiszeitalter oder Pleistozän war eine Zeit großer Vereisungen. Etwa 23 mal wechselten sich in der Zeitspanne von vor 2,5 Millionen Jahren bis vor 10300 Jahren Eiszeiten mit Warmzeiten ab.

Erosion nennt man das Abtragen von Gesteinsmaterial durch das Einwirken von Wasser, Eis oder Wind. Bäche und Flüsse transportieren das abgetragene Gestein zum Meer. Durch die Erosion können Fossilien freigelegt werden.

Fossilien sind die meist versteinerten Überreste von Organismen einschließlich deren Lebensspuren wie Kriechspuren oder Kotballen. Sie entstehen in einem Prozess, den man Fossilisation nennt.

Gattung ist eine Gruppe von Arten, die einen gemeinsamen Vorfahren haben.

Huftiere sind die große Gruppe von Säugetieren, bei denen im Laufe der Evolution die Enden der Gliedmaßen zu Hufen verhornten.

Sie alle sind Pflanzenfresser. Dazu gehören die Unpaarhufer wie z.B. Pferde oder Nashörner, während Schweine, Rinder, Flusspferde und Hirsche Paarhufer sind.

Kaltblüter sind alle Tiere, deren Körpertemperatur von der Außentemperatur abhängig ist. Dazu gehören zum Beispiel Fische, Amphibien und Reptilien.

Kontinentalverschiebung Eine allgemein anerkannte wissenschaftliche Überlegung, nach der sich die Erdteile im Laufe der Erdgeschichte verschoben haben und noch verschieben.

lebendes Fossil Das sind heute lebende Arten, die sich über lange erdgeschichtliche Zeiträume hinweg mehr oder weniger unverändert erhalten haben. Dazu zählt unter anderen der Quastenflosser Latimeria.

Pleistozän siehe unter Eiszeitalter

Quastenflosser sind eine Gruppe von Knochenfischen, die es seit dem Devon gibt. Sie gelten als die Vorfahren der Amphibien. Heute noch lebt im Indischen Ozean der Quastenflosser Latimeria.

Reptilien oder Kriechtiere sind wechselwarme Wirbeltiere, deren Körper mit Schuppen oder einem Knochenpanzer bedeckt ist. Im Karbon traten die ersten Reptilien auf. Ihre Blütezeit hatten sie im Erdmittelalter. Heute leben noch die Reptiliengruppen Schildkröten, Krokodile, Echsen und Schlangen. Von den Reptilien stammen die Vögel und auch die Säugetiere ab.

Säugetiere sind eine Gruppe von warmblütigen Wirbeltieren. Ihre Körperoberfläche ist meist von Haaren bedeckt. Zu ihnen gehören die Beuteltiere und die Echten Säugetiere. Seit dem Känozoikum sind sie die weltweit beherrschende Wirbeltiergruppe.

Sauropoden sind große bis riesige pflanzenessende Dinosaurier der Jura- und Kreidezeit. Zu ihnen gehören die größten vierbeinigen Landtiere aller Zeiten wie Brachiosaurus, Apatosaurus und Diplodocus.

Trilobiten oder Dreilappkrebse lebten nur im Erdaltertum im Meer. Trotz des deutschen Namens sind sie nicht mit den Krebsen verwandt. Ihr Körper war von einem dreiteiligen Panzer eingehüllt. Sie ernährten sich von kleinen pflanzlichen und tierischen Resten, die sie auf dem Boden fanden. Bei Gefahr konnten sie sich einrollen.

Warmblüter sind die Vögel und die Säugetiere, deren Körpertemperatur unabhängig von der Außentemperatur gleichbleibend hoch ist. Vermutlich waren auch die Dinosaurier warmblütig, obwohl sie Reptilien waren.

Warmzeit Zwischen den Eiszeiten des Pleistozäns gab es immer wieder Warmzeiten. In diesen Warmzeiten war das Klima oft wärmer als heute.

Wirbellose heißen alle Tiere, die keine Wirbelsäule haben, wie zum Beispiel Insekten, Würmer, Muscheln und Schnecken.

Wirbeltiere heißen alle Tiere, die eine Wirbelsäule besitzen. Dies sind die Fische, Amphibien, Reptilien, Vögel und Säugetiere.

Register

Hier findest du eine alphabetische Liste von wichtigen Namen und Begriffen, die in diesem Buch vorkommen. Die danebenstehenden Zahlen zeigen dir, auf welcher Seite im Buch du mehr darüber erfahren kannst.

Agnatha *9*
Allosaurus *14, 15, 17*
Alphadon *31*
alte Feder *27*
Ammonit *9, 59, 60*
Anancus *44, 45*
Ankylosaurus *14, 15*
Apatosaurus *14, 15, 16/17*
Archaeopteryx *24, 25, 26/27*
Arsinoitherium *39*
Arthropleura *12*
Astrapotherium *32, 33*
Baluchitherium *39*
Basilosaurus *42, 43*
Bernstein *59*
Beutelhyäne *33, 56, 57*
Beuteltier *30, 31, 33, 60*
Brachiosaurus *14, 15*
breiter Pfeilzahn *45*
Brontosaurus *16, 17*
Brontotherium *38/39*
Coelophysis *14, 15*
Dartmuthia *9*
Deinonychus *14, 15*
Diatryma *36, 37*
Dimorphodon *20*
Dinichthys *8, 9*
Dinosaurier *14, 15, 16, 17, 23, 24*
Dinosaurier-Ei *59*
Dinotherium *44, 45*
Donnerechse *16, 17*
Donnerpferd der Sioux *38, 39*
Donnertier *39*
Dreilappkrebs *9*
Drepanaspis *9*
Eiszeit *48, 49, 51, 53, 60*
Entenschnabel-Dinosaurier *15*
Eohippus *40*

Erosion *58, 60*
Eryops *12, 13*
Faultier *34, 35*
Feuertier *32*
Fische, kieferlose, *9*
Fischsaurier *18, 19*
Fischschädellurch *10*
Fischvogel *25*
Flugfinger *20*
Flughaut *20*
Flugsaurier *20, 21*
Fossil, lebendes *10, 61*
Fossilien *27, 58, 59, 60*
Giganotosaurus *23*
Glyptodon *56/57*
Gomphotherium *44, 45*
grasendes Pferd *41*
Großtier *35*
Gürteltier *56, 57*
Haramiya *28, 29*
Hauerelefant *44*
Hesperornis regalis *25*
Höhlenbär *48, 50/51*
Höhlenhyäne *48, 49*
Höhlenlöwe *48, 49*
Höhlenzeichnung *46, 49*
Huftier *32, 33, 60*
Ichthyornis victor *25*
Ichthyosaurier *18, 19*
Ichthyostega *10*
Iguanodon *14, 15*
Jurameer *18, 19, 27*
Karbonwald *13*
Kieferlose *9*
Knochengabel *39*
Knochenpanzer *8*
Knochenplatten *56*
König der Saurier *43*
König der Tyrannenechse *22, 23*
Kontinentalverschiebung *30, 31, 61*
Körperpanzer *56, 57*
Krebstier *9*
Kurzschwanz-Saurier *20*
Landbrücke *30, 31*
Langschwanz-Saurier *20*

Latimeria *10*
Lurch *12, 13*
Macrauchenia *33*
Mammut *44, 46, 47, 48, 52*
Mammuthus primigenius *46*
Meeresablagerung *27*
Meeresungeheuer *42*
Meganeura *12, 13*
Megatherium *34/35*
Megazostrodon *28, 29*
Merychippus *41*
Mesohippus *40*
Moeris-See *44*
Moeritherium *44*
Nashornvogel *36, 37*
Paddelechse *18, 19*
Panzerfisch *9*
Parasaurolophus *14, 15*
Pferd *40, 41*
Pferd der Morgenröte *40*
Plateosaurus *14, 15, 28*
Platybelodon *44, 45*
Plesiosaurier *18, 19, 58*
Pliohippus *41*
Proavis *24*
Przewalski-Pferd *41*
Psammolepis *9*
Pteranodon *20*
Pterichthyodes *9*
Pterodactylus *20*
Pterodaustro *20, 21*
Ptilodus *29*
Pyrotherium *32, 33*
Quastenflosser *10, 61*
Quetzalcoatlus *20*
Rentier *48, 49, 52*
Rhamphorhynchus *20, 21*
Riesenfaultier *35*
Riesengürteltier *56, 57*
Riesenhirsch *52, 53*
Riesenlaufvogel *37*
Rüsseltier *44, 45*
Säbelzahnbeutler *33, 55*
Säbelzahnkatze *52, 54, 55*
Säugetiere, mesozoische *28, 29*
Sauropoden *59, 61*

Schabe *12, 13*
Schaufelelefant *45*
Schnabelschnauze *21*
Schneidezahn *57*
Schreckensechse *15*
Schreckensfisch *8, 9*
Schreckenstier *44, 45*
schreckliche Kralle *15*
Seelilie *9*
Smilodon *54/55*
Staurikosaurier *14, 15*
Stegosaurus *14, 15*
Sternfußtier *32*
Südhuftier *32, 33*
Tarbosaurus *23*
Tauchvogel *25*
Tausendfüßer *12, 13*
Thylacosmilus *33, 55*
Toxodon *32, 33*
Triceratops *14, 15, 23*
Trilobit *9, 61*
Tyrannenechse *22, 23*
Tyrannosaurus rex *14, 15, 22/23*
Uintatherium *39*
Ungeheuer von Uinta *39*
Urhai *9*
Urhuftier *33*
Ur-Insekt *12*
Urmeer *8, 9*
Urpferd *36, 37, 40, 41*
Ursus spelaeus *51*
Urvogel *24, 25, 26, 27*
Urwal *42/43*
versteinerte Spuren *17, 58, 59*
Vogel des Westens *25*
Vogel, erster *26, 27*
Vorvogel *24*
Waldelefant *52, 53*
Warmzeit *52, 53, 61*
Wildpferd *41, 49*
Wirbellose *9, 10, 61*
Wirbeltier *8, 10, 61*
Wollhaarmammut *46/47*
Wollnashorn *48, 49, 51*
Zahnvogel *25*
Zalambdalestes *29*

64 Diese Seite heißt in der Fachsprache der Verlage »Impressum«. Oft steht sie auch am Anfang eines Buches und immer erfährt man daraus, wer dieses Buch gemacht hat: Der Autor oder die Autorin, Illustratoren und Fotografen - Männer und Frauen -, die Mitarbeiter und Mitarbeiterinnen in den Verlagen und in den technischen Betrieben wie Setzerei, Reproanstalt, Druckerei und Binderei.

Die Konzeption und Texte dieses Buches sind von Bärbel Oftring, die Illustrationen von Marianne Golte-Bechtle.

Umschlaggestaltung: Atelier Reichert, Stuttgart, unter Verwendung einer Illustration von Marianne Golte-Bechtle und eines Farbfotos von G. Lichter, Biberach.

Die Autorin, **Bärbel Oftring**, hat Biologie studiert und sich schon während ihres Studiums intensiv mit der Paläontologie beschäftigt. Dabei lag und liegt ihr vor allem die Entwicklungsgeschichte der Wirbeltiere, also der Fische, Amphibien, Reptilien, Vögel und Säugetiere am Herzen. Nach ihrem Studium arbeitete sie als Lektorin im Natur- und Gartenbereich. Der Kinder-Kosmos „Tiere der Urzeit" ist nach dem Buch „Guck mal, der Zoo" ihr zweites Kindersachbuch.

Die Illustratorin **Marianne Golte-Bechtle** studierte nach einer dreijährigen Lehre im Frankfurter Senckenberg-museum für Naturkunde wissenschaftliche Grafik in Wiesbaden. Seit 1966 ist sie Mitarbeiterin des Kosmos-Verlages. Sie lebt mit ihrem Mann in Stuttgart.

Mit 30 Farbfotos von
U. Barkow/Juniors Bildarchiv, Senden (S. 51 Mitte); R. Cramm/Juniors Bildarchiv, Senden (S. 31 oben); Dr. E.A. Friedrich, Hannover (S. 17); R. Holzapfel/Juniors Bildarchiv, Senden, (S. 41); R. Kunz/Juniors Bildarchiv, Senden(S. 10); G. Lichter, Biberach (S. 5 oben beide, 59 zweites von unten); M. Pforr, Langenpreising (S. 27 links); H. Reinhard/Reinhard-Tierfoto, Heiligkreuz-steinach (S. 25 oben, 30 beide, 51 oben); H. Reinhard/Tier-bildarchiv Angermayer, Holzkirchen (S. 19); A. E. Richter, Augsburg (S. 5 unten); Staatliches Museum für Naturkunde, Stuttgart (S. 5 Mitte beide, 44 Mitte, 46 links, 59 oben, 59 zweites von oben, 59 unten); Prof. Dr. Uerpmann/Institut für Ur- und Frühgeschichte, Tübingen (S. 46 rechts); M. Willemeit/Juniors Bildarchiv, Senden (S. 31 Mitte); K. Wothe, München (S. 25 Mitte, 34, 42, 44 oben, 56); G. Ziesler/Tierbildarchiv Angermayer, Holzkirchen (S. 27 rechts).

Dieses Buch folgt den Regeln der neuen Rechtschreibung

Die Deutsche Bibliothek - CIP-Einheitsaufnahme:

Tiere der Urzeit / Bärbel Oftring ; Marianne Golte-Bechtle.-Stuttgart : Kosmos, 1998
    (Der neue Kinder-Kosmos)
    ISBN 3-440-07565-6

© 1998, Franckh-Kosmos Verlags-GmbH & Co. Stuttgart
Alle Rechte vorbehalten
ISBN: 3-440-07565-6
Lektorat: Claudia Schuller, Gabriele Mathes
Printed in Czech Republic/Imprimé en République tchèque
Layout: Atelier Reichert, Stuttgart
Herstellung und Satz : Die Herstellung, Stuttgart
Reproduktion: Repro Schmid, Stuttgart
Druck und Bindung:Tesinská Tiskarna, Cesky Tesin